나에게 꼭 붙어있으렴

일러두기

인용 성구는 개역개정, 새번역, 현대인의성경, 우리말성경, 메시지성경을 사용했습니다.

말씀묵상 그림일기 2

나에게
꼭 붙어있으렴

이화하하 글·그림

평범한 일상을
특별하게 만드는
은혜의 보물찾기

규장

> **프롤로그** 평범한 일기 같은 작은 고백들

두 번째 책을 출간하기에 앞서 감사함도 많았지만 걱정도 많았습니다. 어느 일정 기간 동안 쓴 글이 아니라 묵상을 처음 시작했을 때부터의 그림과 글들을 모았기 때문에 그림체도 많이 다르고 글도 짧고 깊이가 없다고 느꼈어요. '과연 이 책에 은혜가 있을까'라는 걱정을 안고 책을 준비하는데 주님이 제게 조용히 물으셨습니다.

이 책이 어떤 책이 되면 좋겠니?

'글쎄요, 제가 글쓰기도 뛰어나지 않고, 영성이 깊은 것도 아니어서 큰 영향력은 줄 수 없더라도 평범하게 사는 우리의 일기 같은 작은 고백이 되었으면 좋겠어요. 처음 묵상을 시작할 때라 그림체도 다르고 글도 뒤죽박죽이지만, 순간순간 제게 주신 마음을 모아놓은 일기 같은 글이에요. 특별하지 않아도 삶의 모든 시간이 은혜라고 고백했던 것처럼 이 글 속에서 누구나 은혜를 누렸으면 좋겠어요.'

솔직하게 주님께 마음을 내어놓고 고백을 올려드렸습니다. 이 일기 같은 묵상은 저를 주님 곁에 붙어있게 해주는 힘이 되었어요. 그 소중한 고백들을 함께 나눌 수 있어서 참 감사합니다. 제 모습 그대로 사랑해주시고 **'특별하지 않아도 괜찮다'**라고 말씀해주시는 주님 옆에 저는 앞으로도 그저 꼭 붙어있기만 하겠습니다.

이화하하

프롤로그

PART 1 — 내가 사랑하고 기뻐하는 자녀야

일어나서 함께 가자 10 • 가장 완벽한 형상 13 • 왕의 자녀 14 • 왕과 거지 16 • 너는 특별하단다 21 • 쓸모 있는 사람 22 • 너를 포기하지 않을 거야 24 • 행복한 사람 28 • 널 사랑하기 때문이야 31 • 나는 언제 기쁠까? 32 • 내 기쁨의 이유 48 • 최고의 선물 50 • 여호와로 인해 53 • 아빠 하나님 55 • 아빠 손 잡고 가는 길 56 • 슈퍼스타 58 • 마음 다해 외칠 이름 60 • 끝까지 사랑하셨습니다 63 • 우리가 사랑한 게 아니요 64 • 성전을 깨끗이 비우렴 67 • 이제는 은혜를 누리렴 69 • 안아주심 72 • 거저 받은 은혜 74 • 흔들리지 않는 언약 76 • 하나님의 크신 사랑 79 • 마음과 뜻과 정성 다해 80 • 주님의 이름 82 • 아름다움을 보는 눈 84 • 생명의 빛 87 • 존재만으로 당당한 사람 89 • 빛을 들고 세상으로 93 • 빛의 안내자 94 • 그 이름 부를 때 96 • 당당히 외쳐라 99 • 내 등불을 밝혀주세요 100 • 주를 사랑하나이다 103 • 사랑으로 짜여진 관계 105 • 온종일 고백합니다 106 • 다윗의 찬양 108

PART 2 — 내가 너를 반드시 도울 거야

인생의 정답 114 • 나에게 꼭 붙어있으렴 116 • 다시 말씀을 붙듭니다 119 • 마음 정리 121 • 분주함이라는 적 124 • 쉼을 얻으렴 126 • 결과는 내게 맡기렴 129 • 잠잠히 133 • 또 실수했니? 138 • 내 안에 거하렴 141 • 왜 이렇게 지칠까요? 142 • 너를 향한 계획 145 • 정말 필요한 사람 148 • 간절히 엎드려 기도합니다 150 • 울어도 괜찮아 153 • 있는 모습 그대로 154 • 사랑은 모든 걸 이긴단다 158 • 끝없는 감사로 161 • 주님과 같이해요! 163 • 내가 주목하는 것 164 • 염려는 저

차례

하늘 위로 168 • 내가 누구니? 172 • 환난 날에 찬양합니다 175 • 약속의 땅 177 • 결코 넌 작지 않아 178 • 사랑 안에서 걸어라 183 • 내 약함을 자랑합니다 184 • 이길 힘 186 • 주의 영이 나를 채울 때 188 • 입술로 고백합니다 191 • 주님을 보는 믿음 192 • 흔들리려 할 때 195 • 두려움을 이기는 법 196 • 믿음의 닻 198 • 주님의 눈으로 204 • 폭풍 속에서 207 • 절대 놓지 않을 것이다 210 • 강하고 담대하게 213 • 주께 소망을 둡니다 214 • 마음을 돌이킬 때 216 • 온 맘 다해 219 • 평안을 주노라 221

너와 함께함이 내 기쁨이란다

주님을 더 알고 싶어요 226 • 나와 가까이하렴 229 • 보물찾기 231 • 소원 234 • 복 있는 사람 237 • 나의 즐거움 239 • 주의 말씀 240 • 예수님, 지금 당장 만나요! 242 • 예수님만 남기를 246 • 동행 249 • 무얼 바라보고 있나요? 250 • 내 발의 등불 254 • 다음은 뭐죠? 아빠! 256 • 가야 할 길 261 • 내 마음의 한 자리 262 • 그 사랑에 힘입어 265 • 가지치기 266 • 참된 자유 268 • 목마름의 이유 271 • 나의 믿음 272 • 오병이어 믿음 274 • 주님을 바라봄 277 • 어떤 감사로 채워질까 278 • 믿음으로 반응하기 280 • 더욱 사랑하겠습니다 283 • 예수님 빽으로 285 • 행함과 진실함 286 • 주님이 가시는 길 288 • 믿음의 길 291 • 목자의 음성 293 • 진짜 주인공 295 • 꿈을 그리다 298 • 소명의 삶 300 • 말씀 조각 303 • 한마음, 한 입 304 • 퍼즐 306 • 그 사랑의 전달자 309 • 그리스도의 편지 311 • 예수님을 선물합니다 312 • 짐 나눠 지기 315 • 감사의 제사 316 • 보이지 않는 소망을 향해 320 • 오늘 하루도 수고했다 322

에필로그

PART 1

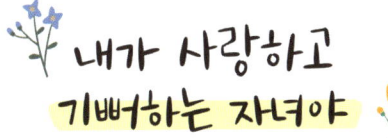
내가 사랑하고
기뻐하는 자녀야

일어나서 함께 가자

겨울이 지나고
비가 그치고
꽃도 피고
새들이 노래하는 계절이 왔구나.

나의 사랑, 나의 어여쁜 자야
일어나서 함께 가자.

너희는 내 백성이 되고
나는 너희의 하나님이 될 것이다.

주님의 신부가 되어
영원한 언약 안에
주님의 사랑을 느끼고
그분을 향한 신뢰를 쌓아갑니다.

나의 사랑 나의 어여쁜자야
일어나서 함께가자

너는 내 형상대로 지음 받은
존귀한 자녀라

가장 완벽한 형상

키 작고, 못생기고, 잘하는 게 없어도 괜찮아.
세상 조건에는 턱없이 부족할 수 있지만
그런 기준은 내게 아무 의미가 없단다.
사람은 외모를 보지만
나 여호와는 중심을 보기 때문이지.

내가 널 이토록 사랑하는데
너는 언제까지 남과 비교할 거니?
너는 내가 구별한 자녀이며
내 선택을 받은 자란다.
가장 완벽한 내 형상대로 지음 받은
최고의 걸작품이지.

다시 말하지만, 사람은 외모를 보거니와
나 여호와는 네 중심을 본단다.
마음이 가장 아름다운 내 자녀가 되어주렴.

왕의 자녀

가끔 삶의 무게에 짓눌릴 때가 있습니다.
세상일에 지쳐 모든 게 힘들고
주위가 보이지 않을 때
눈을 들어 하늘을 봅니다.

어둠 속 하늘의 별은
네 길을 인도할 것이다.
때로 네 앞을 막는 커다란 나무는
오히려 네가 쉬어 갈 그늘이 되어줄 거야.

이 세상 모든 걸 너를 위해 지었단다.
네 시선을 내게로 향하렴.
그러고 나서 다시 너를 보면
왕의 자녀로서 이 세상을 다스릴 수 있을 거야.

내 아들아, 내 딸아!
이 땅의 주인으로 세상을 살아가렴.

나는 왕의 자녀

내 아들, 내 딸아 이 세상 모든 걸 너를 위해 지었단다

왕과 거지

'왕과 거지'라는 이야기를 들어본 적 있나요?
한 아이가 예수님을 믿지 않는 할머니에게
교회에서 들은 이 이야기를 전해주며 말합니다.

"하나님과 같이 천국에 갈 거면
아무것도 들고 갈 수 없어. 다 버려야 해!"

하나님이 우리를 자녀 삼아주셔서
왕의 자녀가 되었지만
우리가 여전히 붙잡고 있는 건 무엇일까요?

세상 것에 연연하지 말고, 손에 쥔 걸 다 버리고
왕의 자녀답게 순종해볼까요?

나를 따르라!

이 말은 곧 주님이 내 인생을
책임져 주시겠다는 영원한 약속입니다.

왕과거지 이야기

너는 오늘부터 나의 자녀다!
네가 가진 것을 다 버리고
나와 함께 가자!!

네 손에 있는 건
다 버려
내 왕궁에서는
필요 없단다

주님은 나의 외모, 학벌, 스펙
어떤 것도 보지 않으시고
나를 선택해주셨습니다

"내가 너를 선택한 이유는
　　너이기 때문이다"

나는 오늘부터 왕의 자녀입니다
내가 가진 것을 다 버리고
주님을 따라 갑니다

주님은 내 외모, 학벌, 스펙
어떤 것도 보지 않으시고 나를 선택해주셨습니다.
그저 하나님의 전적인 은혜입니다.

세상의 약한 자들로
강한 자들을 부끄럽게 하려 함이니,
내가 너를 선택한 이유는 너이기 때문이다.

나는 오늘부터 왕의 자녀입니다.
내가 가진 걸 다 버리고
주님을 따라갑니다.

너는 특별하단다

내가 너를 모태에서 짓기 전에 너를 알았고
네가 태어나기도 전에 너를 거룩하게 구별했다

너는 특별하단다

인도에서 만난 아이들에게 해준 한마디,
"뚬카스호"(You are special, 너는 특별하단다).
그 사랑을 전하러 갔는데
주님은 오히려 제게 말씀하셨습니다.

넌 특별하단다!
내가 너를 모태에서 짓기 전에 너를 알았고
네가 태어나기도 전에 너를 거룩하게 구별했다.
이 세상 누구와도 비교할 수 없는 너는
정말 특별하단다.

내 입술의 고백이 내 마음에 새겨졌습니다.
오늘 하루 내게도 이렇게 말해주면 어떨까요?

'○○아, 넌 특별하단다!'

쓸모 있는 사람

이 세상 모든 물건엔 쓸 만한 가치가 있습니다.
모두 만들어진 목적이 있기 때문이지요.

컵은 무언가를 마시고
의자는 앉고
펜은 쓰기 위해 만들어졌지요.
세상에 쓸모없는 물건은 없습니다.

하물며 하나님께서 직접 만드신 사람도
각자 목적에 따른 쓰임이 있습니다.
이 세상에 쓸모없는 사람은 없습니다.

나 역시 쓸모 있는 사람입니다.

우리는 찰흙이요,
주님은 토기장이입니다.
주님이 직접 빚으신 우리는
그분께 쓸모 있는 자입니다.

주님은 우리 아버지이십니다
우리는 진흙이요
주님은 우리를 빚으신
토기장이입니다

너를 포기하지 않을 거야

너는 내가 사랑하고 기뻐하는 내 자녀란다.
나는 어떤 일이 있어도
너를 포기하지 않을 거야.

누군가의 백 마디 말보다
주님의 말 한마디면 충분합니다.
그 사랑 하나면 나는 만족합니다.

오늘 또 넘어지지만
주님이 여전히 나를 붙잡아 주시며
절대 나를 포기하지 않으시기에
주님 손 붙잡고 다시 일어나 시작합니다.

너는 내가 사랑하고 기뻐하는 내 자녀란다
나는 어떤 일이 있어도
너를 절대 포기하지 않는단다

너의 하나님 여호와가
너와 함께하신다

그는 전능한 구원자이시다
그가 너를 아주 기쁘게 여기시며
너를 말없이 사랑하시고
너 때문에 노래를 부르며
즐거워하실 것이다
스바냐 3장 17절

너의 하나님 여호와가 너의 가운데에 계시니

그는 구원을 베푸실 전능자이시라

그가 너로 말미암아 기쁨을 이기지 못하시며

너를 잠잠히 사랑하시며

너로 말미암아 즐거이 부르며 기뻐하시리라 하리라

스바냐 3:17

행복한 사람

너는 정말 행복한 자이다.
너처럼 여호와의 구원의 은혜를 입은 자가
어디 있느냐?
나는 네 방패와 칼이 되어
너를 지키고 네게 승리를 줄 것이다.
원수가 네 앞에서 굴복할 것이며
네가 그들로부터 승리할 것이다.

주님, 저는 정말 행복한 사람입니다.
그 어떤 것도 저를 주 예수 그리스도 안에 있는
하나님의 사랑에서 끊을 수 없습니다.

이스라엘이여 너는 행복한 사람이로다
여호와의 구원을 너같이 얻은 백성이 누구냐
그는 너를 돕는 방패시요 네 영광의 칼이시로다
네 대적이 네게 복종하리니
네가 그들의 높은 곳을 밟으리로다

신명기 33:29

너는 정말 행복한 자이다

너처럼 여호와의 구원의 은혜를 받은 자 어디 있느냐?
주는 너의 방패와 칼이되어 너를 지키고 너에게 승리를 주시는 분이니
네 원수들이 네 앞에서 굴복할 것이며 네가 그들로부터 승리하리라

하나님이 세상을 이처럼 사랑하사 독생자를 주셨으니 이는 그를 믿는 자마다 멸망하지 않고 영생을 얻게 하려 하심이라
요한복음 3장 16절

널 사랑하기 때문이야

내가 세상을 이처럼
이처럼
이처럼
이처럼 사랑한다.

내 아들 독생자 예수를
이 땅에 보낸 이유는 단 하나,
너를 사랑하기 때문이다.

나는 언제 기쁠까?

무언가를 할 때 의무와 책임이 따릅니다.
그 무게가 무거워도
그에 대한 보상으로 버팁니다.

놀고 싶지만 회사를 다니고
하기 싫어도 일을 하는 이유는
돈을 벌기 때문이지요.
그림을 그리는 이유도
연재해야 한다는 의무감과
책임감 때문이기도 하지만,
보상이 따르기 때문이기도 하지요.

그런데 이런 의무와 책임이 사라지면
내 자유의지만 남습니다.
만일 어떤 일을 해도 되고, 하지 않아도 된다면,
의무감도 없고, 대가도 따라오지 않는다면,
내 자유의지는 어떻게 될까요?

무언가를 할때
의무와 책임이 따릅니다
그 무게는 무겁기도 하지만
그에 대한 보상으로 버팁니다

어느 순간부터 그 대가와 보상이
일하는 이유가 되어버렸습니다

부끄럽게도 나는 열정을 잃었습니다.
행위로 받는 삶에만 익숙해졌지요.
의무가 사라지면 사랑이 남아야 하는데
사랑까지도 사라져 버렸습니다.

대가라도 따라온다면 어떻게든 하겠지만
눈에 보이는 보상도 없으니
마음의 기쁨도 사라졌습니다.

이것이 영원한 것이 있다고 믿는 자의 모습일까요?
답답함을 솔직히 내어놓고
주님께 투정을 부렸습니다.

주님, 저 하나도 기쁘지 않아요.
이 일을 하고 싶지 않아요.
하지 않아도 누구도 뭐라 하지 않겠지만,
주님이 제게 주신 말씀과 은혜 때문에
붙잡고는 있는데 솔직히 하기 싫어요.

그러고는 이런 일기를 썼다는 것조차 잊고 있었습니다.
며칠 후 주일에 사랑, 희락, 화평에 관한 말씀을 들었어요.

오직 성령의 열매는

사랑과 희락과 화평과

오래 참음과 자비와 양선과 충성과

갈라디아서 5:22

그중에 희락, 기쁨이란 단어에 눈길이 닿았습니다.

나는 언제 기쁠까?
어떤 소식을 들을 때 기쁨을 느낄까?

정답을 이미 다 알지만
다시 한번 주님께서 알려주셨어요.

의무가 사라지면 사랑이 남아야 하는데
사랑까지도 사라져 버렸습니다

대가라도 따라온다면
어떻게든 하겠지만
눈에 보이는 보상도 없으니
내 마음의 기쁨도 사라졌습니다

하나도 기쁘지 않았습니다

밤에 일기를 쓰며
이런 답답함을 솔직히 내어놓고
주님께 투정을 부려봤습니다

"주님… 저 하나도 기쁘지 않아요"

옛날 작은 베들레헴 마을에 소식이 들렸습니다.

"오늘 다윗의 동네에 너희를 위하여
구주가 나셨으니 곧 그리스도 주시니라."

목자들은 그 소식을 듣고 매우 기뻐했습니다.
나도 이 얘기를 들었다면 함께 기뻐했을까요?
나는 예수 그리스도만으로 기뻐하나요?

근원적 기쁨은 그리스도에게서 나오는데
여전히 외부에서 찾고 있었습니다.
일한 대가로 받는 보상이
나를 기쁘게 했습니다.

그리고 나서 시편 37편을 묵상하는데
다시 한번 '기쁨'이라는 마음을 주셨습니다.

네가 또 넘어진 것 같지만 아주 엎드러지지 않는 이유는
내가 너를 붙잡고 있기 때문이란다.
네가 비틀거리고 넘어져도 내가 너를 잡고 있기에
절대 넘어지지 않을 것이다.
네 길을 내게 맡기고 의지하렴.
내가 너를 도우며 네 의를 빛과 같이,
네 공의를 한낮의 햇살처럼 빛나게 할 거란다.

주님이 나를 붙들고 계심이 느껴졌습니다.
말씀으로 기쁨의 이유를 다시 찾게 하셨고,
다시 일으키실 뿐 아니라
앞으로 나아갈 은혜의 힘까지 더해주셨지요.

나는 주님을 바라보다가도 늘 다른 곳으로
시선을 돌려버리는 연약한 존재입니다.
그러나 주님은 단 한 번도 내게서 시선을 떼신 적이 없습니다.
또다시 그분의 사랑을 맛보며 기쁨을 채워가는 중입니다.
그저 '주님은 사랑이시라'라고 고백할 수밖에 없네요.

이런 일기를 썼다는 것조차 잊고 있었습니다

며칠이 지나고 말씀을 듣던 중에 희락,
'기쁨'이란 단어에 눈길이 닿았습니다

기쁨은 그리스도에게서 나오는데
여전히 외부에서 찾고 있었습니다

일한 대가로 받는 보상이 나를 기쁘게 만들었습니다

그러고 나서 시편 37편을 묵상하는데
다시 한번 '기쁨'이라는 마음을 주셨습니다

은혜를 적어보다가
며칠 전에 쓴 글을 발견했습니다

나는 기쁨을 내가 한 일에 대한 보상에서 찾으려 했습니다
주님은 내 마음에 기쁨이 없다고 투정부렸던 글에
답장해주시듯 정확하게 말씀으로 알려 주셨습니다

왜 '기쁨'이란 단어를 반복해서 새겨주셨는지 알았습니다
그리고 시편 37편 속에서 주님의 편지는 계속되었습니다

" 네가 또 넘어진것 같지만
 아주 엎드러지지 않는 이유는
 <mark>내가 너를 붙잡고 있기 때문이란다.</mark>

 네가 비틀 거리고 넘어져도
 내가 너를 잡고 있기에
 절대 넘어지지 않을 것이다

 네 갈길을 내게 맡기고 의지하렴
 내가 너를 도우며 네 의를 빛과 같이
 네 공의를 한낮의 햇살 처럼
 빛나게 할 것이란다."

말씀으로 기쁨의 이유를
다시 찾게 하셨습니다

넘어질 뻔했지만
다시 주님의 사랑을 맛보며
기쁨을 채워가는 중입니다

내 기쁨의 이유

넌 언제 기쁘니?
언제 가장 행복하니?
네 행복의 조건은 무엇이니?

무화과나무에 꽃이 피고
포도나무에 열매가 있어야 기뻤습니다.

하지만 환경에 따른 기쁨은
시간이 지나면 곧 사라졌습니다.
그래서 내 안의 참 기쁨을 찾기 시작했습니다.

주님께서 몸소 생명의 길을 나에게 보여주시니,
주님을 모시고 사는 삶에 기쁨이 넘칩니다.
주님께서 내 오른쪽에 계시니,
이 큰 즐거움이 영원토록 이어질 것입니다.

시편 16:11

최고의 선물

내 사랑하는 딸아,
내 사랑하는 아들아!

내가 너로 말미암아 기쁨을 이기지 못하며
내가 너로 말미암아 즐거이 부르며 기뻐한다.
너는 내가 생명 다해 사랑하는
아들이고 딸이란다.

주님께서 저를 바라보실 때,
그 마음을 생각해본 적 있나요?
제가 어떤 존재이기에
저로 말미암아 기쁨을 이기지 못한다고
말씀해주시는 걸까요.

제게 가장 최고의 선물은
주님의 사랑을 받는 하루입니다.

내 사랑하는 딸아, 아들아
내가 너로 말미암아 기쁨을 이기지 못하며
너로 말미암아 즐거이 부르며 기뻐한다

여호와를 기뻐하라
네 기쁨을 오직 주님에게서 찾아라

여호와로 인해

여호와를 의뢰하고 선을 행하라

땅에 머무는 동안

그의 성실을 먹을거리로 삼을지어다

또 여호와를 기뻐하라

그가 네 마음의 소원을 네게 이루어주시리로다

시편 37:3,4

여호와로 인해
기뻐하고 즐거워합니다.
내 기쁨의 이유를
예수 그리스도에게서 찾습니다.

내 아빠 하나님은요,
못하는게 없는 분이에요
킹왕짱 울트라 슈퍼
최고예요 ♥

아빠 하나님

내 아빠 하나님은요,
못 하는 게 없는 분이에요.
킹왕짱 울트라 슈퍼
최고예요.

어린아이처럼
순수한 마음 그대로
주님을 바라보아요.

아빠 손 잡고 가는 길

아직 걸음마가 완전하지 않은 아이는
혼자 걸으려 할 때마다 넘어집니다.

그런데 엄마, 아빠의 손을 잡고 갈 때는
중심이 흔들릴 수 있어도
넘어지지는 않습니다.

아빠와 손을 꼭 잡고 가는 길이
가장 안전한 길입니다.

주님 앞에서 언제나 어린아이처럼
평생 그분의 손을 붙잡고 가면
결코 넘어지지 않을 것입니다.

아빠 손 잡고 가는 길
내게 가장 안전한 길

주님 앞에 언제나
　　　어린아이 처럼

내 평생
　　주님 손 붙잡고 갑니다

슈퍼스타

주님은 나의 힘, 나의 노래, 나의 구원이시며
어떤 슈퍼히어로보다
나를 잘 아시고 지키시는 분입니다.

내 안의 모든 죄를 깨끗게 해주시고
나를 넘어뜨리려는
모든 대적에게서 지켜주세요.

나의 슈퍼스타 예수님,
주님을 찬양합니다.

여호와는 나의 힘이요 노래시며 나의 구원이시로다
그는 나의 하나님이시니 내가 그를 찬송할 것이요
내 아버지의 하나님이시니 내가 그를 높이리로다
여호와는 용사시니 여호와는 그의 이름이시로다

출애굽기 15:2,3

마음 다해 외칠 이름

앞에서 가고 뒤에서 따르는 무리가 소리 높여 이르되
호산나 다윗의 자손이여 찬송하리로다
주의 이름으로 오시는 이여
가장 높은 곳에서 호산나 하더라

마태복음 21:9

자신의 목적을 위해
예수님의 이름을 불렀던 자들의 모습이 아닌
마음 다해 "호산나 다윗의 자손이여"라고
그분의 이름을 진심으로 외치게 되기를.

나의 구원자 예수님,
우릴 위해 이 땅에 오셔서 감사합니다.
이 땅의 모든 이들을 구원해주세요.
호산나 다윗의 자손이여, 찬송합니다!

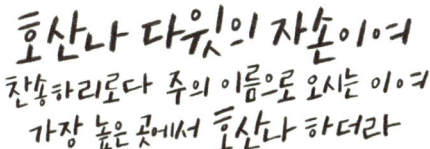

호산나 다윗의 자손이여
찬송하리로다 주의 이름으로 오시는 이여
가장 높은 곳에서 호산나 하더라

끝까지 사랑하셨습니다

상처받을 것도
배신당할 것도 아시면서
우릴 사랑하셨습니다.

십자가에 달리기까지
사랑하시되
끝까지 사랑하셨습니다.

우리가 사랑한 게 아니요

우리는 죄로 인해 하나님과 단절되었습니다.
그분은 우리에게
걷는 법을 가르치고 안아주셨지만
우리는 그분의 돌보심을 알지 못했습니다.

죄로 인해 하나님을 모르고
느끼지 못하게 되었습니다.
그분께 돌아가기를 싫어하고
자꾸만 죄에 이끌렸습니다.
그러나 주님은 말씀하셨습니다.

내가 어떻게 너를 포기할 수 있으며
내가 어떻게 너를 버릴 수 있겠느냐.

나는 너를 끝까지 사랑한다.
나는 사람이 아니라 하나님이기 때문이다.

우리가 하나님을 사랑한 것이 아니라
하나님께서 우리를 사랑하셔서
자기 아들을 보내 우리를 죄에서 구원하는
제물로 삼아주셨습니다
요한일서 4장 10절

우리가 하나님을 사랑한 것이 아니라,

하나님이 우리를 사랑하셔서,

자기 아들을 보내어 우리의 죄를 위하여

화목제물이 되게 하신 것입니다.

요한일서 4:10

성전을 깨끗이 비우렴

주님의 은혜 없이는
난 여전히 세상을 붙들고 사는 죄인입니다.
내 의지로는 할 수 없지만
주님의 자비와 도우심이 날 온전케 합니다.
이런 내게 새 언약을 주심에 감사합니다.

내가 붙들고 있던
낡고 없어질 것들이 아닌
영원하신 주님을 더욱 바라보겠습니다.

나의 임재를 온전히 누리기 위해
네 성전을 깨끗이 비우렴.
나의 임재의 영광이 온전히 빛날 수 있도록.

이제는 은혜를 누리렴

은혜란
받을 자격조차 없는 우리에게
절대 주권자인 하나님이 베푸시는
무조건적 사랑입니다.

주님의 은혜로 나아갈 때
때론 내 자아가 방해물이 됩니다.
값없이 주시는 은혜를
내 노력으로 받으려 하지요.

주님의 구원과 사랑은
내 힘으로 얻을 수 없습니다.
그건 하나님의 절대 주권이자 전적인 은혜예요.
그런데도 나는 이래서 안 되고, 저래서 못 하고,
받을 조건이 안 된다고 합니다.

받을 자격조차 없는 우리에게
절대 주권자인 하나님이 베푸시는
무조건적인 사랑

은혜

내가 안 괜찮은 것 같아도
주님이 괜찮다고 계속 말씀하시니
눈을 가리고 귀를 막고 있던 손을 내리고
주님을 바라보세요.
그리고 내게 주시는 음성을 들으세요.

괜찮아, 이제는 그 은혜를 누리렴.

여러분은 믿음을 통하여

은혜로 구원을 얻었습니다.

이것은 여러분에게서 난 것이 아니요,

하나님의 선물입니다.

에베소서 2:8

안아주심

늘 아무 조건 없이
날 바라봐 주시는 주님.

내 모습이 어떻든
그저 주님 품 안에 안겨봅니다.

치유와 성령의 기름부으심
그리고 내 영의 회복을
간절히 소망합니다.

주님 품안에
안아주심

거저 받은 은혜

주의 보혈이 나를 덮을 때
내 모든 것이 깨끗하게 됩니다.

세상의 어둠에 가려
자신이 하나님의 자녀임을
깨닫지 못한 채 사는 많은 사람에게
주의 보혈과 그 사랑을 나눠줍니다.

참 진리이신 주님을 통해
그들이 아빠 하나님의 자녀 된 권리를
되찾길 원합니다.

거저 받은 은혜이니
나도 거저 나눠줍니다.

흔들리지 않는 언약

주의 약속은
변함없고 신실하십니다.

내 믿음이
흔들리려 할 때,

흔들리지 않는
주님을 붙잡습니다.

산들이 옮겨지고 언덕이 흔들려도
내 사랑은 네게서 옮겨지지 않고
내 평화의 언약은 흔들리지 않을것이다
이사야 54장 10절

하늘을 두루마리 삼고
바다를 먹물 삼아도
한없는 하나님의 사랑
다 기록할 수 없겠네

하나님의 크신 사랑

그 크신 하나님의 사랑
말로 다 형용 못 하네

하늘을 두루마리 삼고
바다를 먹물 삼아도
한없는 하나님의 사랑
다 기록할 수 없겠네

하나님의 크신 사랑 그 어찌 다 쓸까
저 하늘 높이 쌓아도 채우지 못하리

찬송가 304장 〈그 크신 하나님의 사랑〉

마음과 뜻과 정성 다해

너는 마음을 다하고
뜻을 다하고 힘을 다하여
네 하나님 여호와를 사랑하라
신명기 6:5

마음과 뜻과 힘, 곧 정성을 다해
주님을 사랑한다는 건
어떤 걸까 생각해봅니다.

나는 얼마나 전심으로
주님을 사랑하고 있을까?

주님을 다시 볼 그날,
나 정말 주님을 사랑했다고
고백하길 원합니다.

주님의 이름

주님의 이름이 온 땅에
어찌 그리도 아름다운지
주의 영광이 덮인 하늘을 바라볼 때
그 영광의 빛이 내 온몸을 뒤덮습니다.

주님이 손수 만드신 저 큰 하늘과
주님이 친히 달아놓으신
저 달과 별들을 내가 봅니다.
사람이 무엇이기에
주님께서 이렇게까지 생각하여주시며,
사람의 아들이 무엇이기에
주님께서 이렇게까지 돌보아 주십니까?

주 우리의 하나님,
주님의 이름이 온 땅에
어찌 그리 위엄이 넘치는지요?

아름다움을 보는 눈

빨간 머리 앤이 주는 힘은
'다 잘될 거야'라는 막연한 주문과는
다르다고 생각합니다.
아픔을 아름다움으로 포장해
외면하는 것과도 다르지요.

앤에게는 아름다움을 보는 눈이 있습니다.
하나님이 지으신 온 세상의 아름다움이
나를 위해 존재함을 느낄 때
감사와 기쁨이 가득하지 않을까요?

What a wonderful world!

아름다운 세상 속에서
주님을 함께 찬양합니다.

이 세상은 어쩜 이렇게 아름다울 수가 있죠?
What A Wonderful World!

온 땅아, 하나님께 환호하여라.

그 이름의 영광을 찬양하고 영화롭게 찬송하여라.

하나님께 말씀드려라.

"주님께서 하신 일이 얼마나 놀라운지요?

주님의 크신 능력을 보고,

원수들도 주님께 복종합니다.

온 땅이 주님께 경배하며,

주님을 찬양하며,

주님의 이름을 찬양합니다" 하여라. (셀라)

시편 66:1-4

생명의 빛

어둠뿐인 이 땅에
주님은 빛으로 오셨습니다.
그리고 그 생명의 빛을
우리에게 비춰주셨습니다.

내 안에 계신 성령님이
내 얼굴을 빛나게 하여
주님을 드러내십니다.

세상을 비추는 참 빛,
그 빛은 우릴 통해 세상에 비추어집니다.

우리가 어둠뿐인 세상에 그 빛을 비춰
많은 사람이 주님께
나올 수 있게 해야 합니다.

존재만으로 당당한 사람

내가 작게만 여겨진다면
그 마음이 어디서부터
시작되는지 살펴보세요.

하나님은 우리를
부족함 없는 존재로 만드셨습니다.
하지만 우리는 세상의 속임에 넘어가
자꾸 자신을 남과 비교하며
작은 존재로 만들어버리지요.

그러나 주님은 우리를
그분의 형상대로 회복시키기 위해
이미 모든 걸 이루셨습니다.
그리고 어둠에 숨어있는 우리에게
빛이신 주님께로 나오라고 하십니다.

이제 용기를 내어
내 아픔, 상처, 작은 어둠까지
모두 하나님께 내어놓습니다.

세상의 지위나 평판에 따라
흔들리지 않고 내 존재만으로도
당당한 사람으로 서는 거예요.

하나님은 우리를
오직 그분 앞에서만 겸손하며
세상에 당당한 사람으로 회복시키고 세우셔서
이 땅 가운데 사용하실 것입니다.

오직 주 앞에서만 겸손하며
세상에 당당한 사람으로 일어서라
이제는 빛으로 나와 빛의 자녀로 살아가자

빛을 들고 세상으로

참 빛이 있었다.
그 빛이 세상에 와서
모든 사람을 비추고 있다.

요한복음 1:9

하지만 사람들은
그 빛을 알아보지 못했습니다.

우리를 통해 참 빛이
여전히 어둠 속에 있는
그들의 마음에
가 닿기를 소망합니다.

빛의 안내자

너희는 세상의 소금이란다.
소금이 맛을 잃으면
더 이상 소금이 아니지.

많은 일을 하는 것보다
작은 일이라도 그 안에서
소금처럼 영향력을 끼치는 자가 되어주렴.

너희는 세상의 빛이란다.
그 빛을 모두가 볼 수 있게 높이 비춰주렴.

너희의 착한 행실로 이 어두운 세상에서
사람들이 나를 찾을 수 있도록
빛의 안내자가 되어주렴.

너희는 세상의 소금이요
세상의 빛이라

그 이름 부를 때

예수님의 이름을 불러봅니다.
그 이름에는 능력이 있습니다.
부르기만 해도 내 능력이 됩니다.

우리가 주님의 이름을 부를 때
그분은 우리의 소리를 늘 마음에 새기십니다.

그 이름을 천 번 만 번 부르며
종일 고백합니다.

예수님, 사랑합니다.

그분께 더 가까이 가는 지름길은
그 이름이 내 입에서 떠나지 않는 것입니다.

그 이름 예수

주님의 이름을 천 번 만 번 불러봅니다
사랑합니다 나의 예수님

진리를 감출 수 있겠느냐
세상은 진실을 감추려 하지만
그것은 반드시 드러난다

당당히 외쳐라

진리를 감출 수 있겠느냐.
세상은 진실을 감추려 하지만
그것은 반드시 드러난다.
그러므로 너희는 세상을
두려워하지 말아라.

네가 두려워할 것은
너희 몸과 생각과 영을 주관하는 나 여호와이다.
두려움은 그 대상이 없어졌을 때가 아니라
나를 신뢰할 때 극복할 수 있단다.

침묵하지 말고
당당히 내 이름을 외치거라.

내 등불을 밝혀주세요

나의 힘이신 주님,
내가 주님을 사랑합니다.
나의 찬양을 받으실 주님,
소리 높여 더욱 찬양합니다.

내 등불을 밝혀 어둠을 물리쳐 주세요.
주의 오른손이 나를
강하게 붙들어 지키시며
내 발이 잘못 딛는 일이 없게 하실 것입니다.

원수에게서 구하시며
내게 닥치는 모든 일로부터 건지시고
누구에게도 말할 수 없었던 억울함까지도
갚아주실 것입니다.

내가 주님께 감사드리며
모든 이들 앞에서 주님의 살아계심과
반석 되심을 찬양합니다.

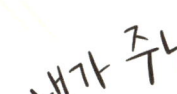 

내가 주님을 사랑합니다

나의 힘이신 여호와여
내가 주를 사랑하나이다

시편 18편 1절

주를 사랑하나이다

오랜만에 고향 교회를 찾아가
청년부 목사님을 만났습니다.
예배 때 주셨던 말씀들이
아직도 제 마음에 깊은 울림으로 남아
꼭 감사를 표현하고 싶었거든요.
목사님이 저를 반갑게 맞아주시며
이런 말씀을 해주셨어요.

"화선 자매를 보면 이 말씀이 떠올라요.
'나의 힘이신 여호와여 내가 주를 사랑하나이다.'"

쑥스러워서 많은 대화를 하진 못했지만
계속 기억에 남았습니다.
그 말씀을 내 평생의 고백으로
살고 싶다는 소망이 생겼습니다.
다윗의 고백에서 나의 고백이 되기를.

다채로운 색실로 엮이고 사랑으로 연결되어
하나의 옷을 만듭니다

그 사랑의 옷을 입고 하나 되어
더욱 사랑합니다

사랑으로 짜여진 관계

우리는 다채로운 색실로 엮이고
사랑으로 연결되어 있습니다.

'사랑'이라는 실로
하나의 옷을 만듭니다.

'예수 그리스도'라는
사랑의 옷을 입고 하나 되어
삶에 감사의 마음을 넘치게 채웁니다.

온종일 고백합니다

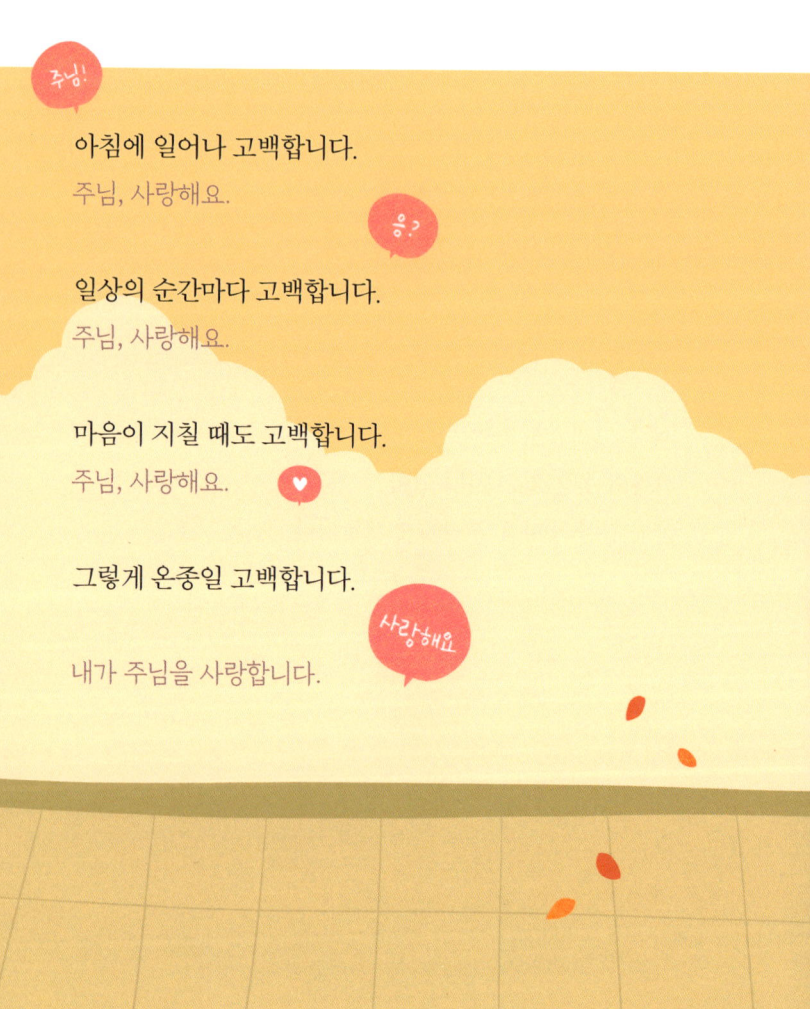

아침에 일어나 고백합니다.
주님, 사랑해요.

일상의 순간마다 고백합니다.
주님, 사랑해요.

마음이 지칠 때도 고백합니다.
주님, 사랑해요.

그렇게 온종일 고백합니다.

내가 주님을 사랑합니다.

다윗의 찬양

기쁠 때도
원수가 쫓아올 때도
죄로 넘어졌을 때도
다윗은 늘 하나님을 찬양합니다.

상황에 상관없이
주님을 찬양하는 다윗처럼
나도 상황이 어떻든
내가 가진 것이 무엇이든
목소리 높여 주를 찬양하겠습니다.

♪ 내가 가진 것으로 목소리 높여
찬양합니다 ♪
♬ 어떤 모양이든
기쁨을 마음껏 표현합니다

문들아 너희 머리를 들지어다

영원한 문들아 들릴지어다

영광의 왕이 들어가시리로다

영광의 왕이 누구시냐

강하고 능한 여호와시요

전쟁에 능한 여호와시로다

문들아 너희 머리를 들지어다

영원한 문들아 들릴지어다

영광의 왕이 들어가시리로다

영광의 왕이 누구시냐

만군의 여호와께서

곧 영광의 왕이시로다 (셀라)

시편 24:7-10

PART
2

내가 너를 반드시 도울 거야

인생의 정답

공부를 하다가 문제가 풀리지 않으면
해설집을 보며 정답을 찾아갑니다.
문제를 만든 사람은 정답을 알고 있기 때문이지요.

도무지 풀리지 않는 인생의 문제,
그 답은 어떻게 찾아가나요?
정답은 우릴 지으신 분만 알고 계십니다.
오직 주님에게서 찾을 수 있지요.
그분은 이미 성경에 다 기록해두셨습니다.

인생의 문제가 풀리지 않을 때,
성경을 펴봅니다.

인생의 문제,
그 답은 이미 성경에 다 기록되어 있단다

나에게 꼭 붙어있으렴

나를 믿고 살아간다 해서
어려운 일이 오지 않는 건 아니란다.

세상을 살아가면서 겪는
고난과 힘듦, 어려운 상황은
누구에게나 똑같이 찾아오지만
하나님 안에 사는 자에게는
고난이 고난으로 끝나지 않는다.

네 문제는 반드시 해결된단다.
내가 너를 반드시 도울 거야.
세상이 아무리 어려워도
너는 내 안에서 풍성히 살 거란다.
그러니 나에게 꼭 붙어있으렴.

주님께 꼭 붙어있어라
나는 포도나무요 너희는 가지라

이 곳에 너 혼자만 있는 것이 아니란다
모든 순간 내가 너와 함께하고 있다

다시 말씀을 붙듭니다

말씀을 아는 것과
그 말씀을 살아내는 건 너무나 다릅니다.
잘 아는 말씀이어도
삶에 아무 영향을 끼치지 못한다면
그저 책에 적혀있는 글자일 뿐입니다.

하지만 하나님의 말씀은
살아있고 힘이 있습니다.
내가 처한 상황이 반복되어
힘들고 변화가 없을지라도
다시 한번 말씀을 붙듭니다.
그리고 그 힘든 자리에 아주 조금씩
말씀으로 은혜를 쌓아갑니다.

오늘 또 넘어져도
하나님 앞에서 울며 일어날 힘을 공급받아
다시 그곳으로 나아갑니다.

그렇게 매일 한 걸음씩
말씀으로 살아내다 보면
어느새 하나님의 말씀이 이루어져
또 하나의 은혜의 자리가
되어있을 것입니다.

내 직장과 학교와 삶의 모든 터전에서
하나님을 경험하는 삶이
주의 은혜입니다.

마음 정리

마음이 너무 분주해서
주님을 생각할 여유조차 없을 때,
아무리 바빠도 차가 빨간불에 멈추듯
잠시 쉬는 순간이 필요하지요.

너무 바쁘다 싶을 때
잠시 쉬었다 가요.
그렇게 마음 정리하며
주님의 생각을 내 마음에 채우고
다시 초록불로 달려가요.

그리하면 모든 지각에 뛰어난
하나님의 평강이 그리스도 예수 안에서
너희 마음과 생각을 지키시리라

빌립보서 4:7

분주함이라는 적

이것저것 할 일이 실타래처럼 엉켜버렸습니다.
실은 잡아당길수록 더 꼬였지요.

이럴 땐 복잡한 머리를 비우려고 잠시 눕거나
주님이 만드신 자연을 하염없이 바라봅니다.
그리고 찬양이나 말씀을 틀어놓습니다.

두려움의 폭풍 속에서도
기쁨의 물결이 퍼질 때까지
하나님 팔에 안겨 잠시 쉼을 얻습니다.

하나님은 나의 피난처이십니다.

하나님은 나의 피난처이십니다

두려움의 폭풍 속에서도
기쁨의 물결이 퍼질 때까지
하나님 팔에 안겨
잠시 쉼을 얻습니다

쉼을 얻으렴

잠시 쉬었다 가자.
내 곁에 머물러 쉼을 얻으렴.
네게 평안을 주겠다.
이 평안은 세상이 주는 것과는 다르지.
이것으로 걱정, 근심, 두려움을
모두 날려보내고
쉼과 새 힘을 얻으렴.

내 사랑 안에서
쉼을 얻고 가려무나.

잠시 쉬었다 가자
내 곁에 머물러 쉼을 얻으렴

결과는 내게 맡기렴

네가 할 수 있는 것에 최선을 다하면
그것으로 나는 만족한단다.
결과를 내기 위해 애쓸 필요 없어.
결과는 내게 맡기렴.

열매가 조금 늦게 열려도 전혀 문제없단다.
네가 최선을 다하는 과정 중에
나와 함께하는 기쁨을 누리렴.

열매는 내 주관이니
결과에 얽매이지 말고
지금의 기쁨으로 가득 채우렴.

어떤 결과를 내기 위해 애쓸 필요 없지
결과는 나에게 맡기렴

열매가 조금 늦게 열려도 전혀 문제없단다

네가 할 수 있는 일에 최선을 다하는
과정 중에 나와 함께하는 기쁨을 누리렴

열매는 내 주관이니
결과에 얽매이지 말고
지금의 기쁨으로 가득 채우렴

잠잠히

모든 순간 주님만 의지하고
내 마음을 털어놓습니다.
그렇게 잠잠히 주님만을 바라봅니다.

나의 영혼아 잠잠히 하나님만 바라라

무릇 나의 소망이 그로부터 나오는도다

시편 62:5

그래, 그렇게 너의 마음을 다 토해 놓아라
그리고 내 앞에서 잠잠하렴
나를 기다릴 때 너의 소망이 내게서 나온단다

이제는 잠잠히
내 얘기도 들어주겠니?

또 실수했니?

오늘 또 실수했니?
네 약함에 또 무너져 버렸니?
절대 네가 못나고 무능력해서가 아니란다.
경험이 부족하면 미숙한 게 당연하지.

난 이미 너와 함께하고 있고
네게 능력을 다 주었단다.

정말 못나고 무능력한 건
배우려고 노력하지 않고 피하기만 하는 것,
최선을 다하지 않고 대충 넘어가려는 거란다.

두려워하지 마라, 내가 너와 함께한다.
놀라지 마라, 나는 네 하나님이다.
내가 너를 도우며 강하게 하고
내 의로운 오른손으로 붙들어 주마.

오늘 또 실수했니?
"괜찮아"

내 안에 거하렴

내 안에 거하라.
나는 네 하나님이니
모든 환란 가운데 너를 지키는 자라.
두려워하지 말라.
내가 널 도와주리니
놀라지 말라, 네 손 잡아주리라.

내가 너를 지명하여 불렀나니
너는 내 것이라.
두려워하지 말라.
내가 변함없이 너와 함께하리라.

너희가 내 안에 거하고 내 말이 너희 안에 거하면
무엇이든지 원하는 대로 구하라 그리하면 이루리라

요한복음 15:7

왜 이렇게 지칠까요?

'주님과 교회를 위해 일했는데
왜 이렇게 지칠까요?'라고 묻는 네게
꼭 해주고 싶은 말이 있구나.

네가 무엇을 했는지는 크게 중요하지 않단다.
나와 함께했느냐가 더 중요해.
내 안에 거하렴.
그리하면 나도 네 안에 거할 거야.

나를 위해, 교회를 위해 일하는 게 아니라
내가 너를 통해 일하도록
나와 더 친밀해질 수 있겠니?

힘들고 지친 자에게…
　네가 무엇을 했는지는 크게 중요하지 않아
　네가 나와 함께했느냐가 더 중요하지

"불합격입니다"
또 떨어졌네요…

너를 향한 계획

네가 세운 계획대로 되지 않을 때
원망의 마음이 들기도 하지.

그 일이 이루어지지 않음은
준비가 부족했거나
아직 때가 아닐 수도 있고
그 길이 아닐 수도 있으며
때론 믿음의 시험일 수도 있지.

하지만 한 가지 확실한 건
너를 향한 내 계획은
오직 너와 나의 깊은 관계 속에서
발견할 수 있다는 거야.

계획이 이루어지지 않을 때 실망할 수 있지만
그 과정을 통해 나를 신뢰하는 법을 배울 거란다
나는 네 걸음을 인도하는 여호와니라

당장은 이해되지 않을 수도 있어.
그러나 이해할 수 없는 상황에서도
나를 신뢰하렴.

상황을 이해하는 것도 중요하지만
그것을 넘어 나를 신뢰하고
내 계획 속으로 들어오는 게 더 중요하단다.

계획이 이루어지지 않을 때 실망하겠지만
그 과정을 통해 날 신뢰하는 법을 배울 거야.
신뢰함으로 다시 일어나
내 계획 안으로 들어오렴.
나는 네 걸음을 인도하는 여호와란다.

정말 필요한 사람

아무 쓸모가 없는 사람이 있습니다.
그는 말도 잘 못 하고
공부도, 달리기도 못 하는
특별한 재능이 없는 사람입니다.

그런데 그가 잘하는
한 가지가 있습니다.

그는 잘 웁니다.
하나님 앞에서 잘 우는 사람입니다.
그는 하나님께 정말 필요한 사람입니다.

아무 쓸모가 없는 사람이 있습니다

그런데 그 사람이 잘 하는
한 가지가 있습니다

그 사람은 우는 것은 잘합니다
하나님 앞에서 잘 우는 사람입니다

그 사람은 하나님께
정말 필요한 사람입니다

간절히 엎드려 기도합니다

네 모든 아픔을 내가 막아줄 수 있지만
그렇게 하지 않는 건,
고난을 통해 네가 나를 더 바라보며
성장할 것을 기대하기 때문이란다.
네가 약하고, 힘든 만큼 나를 붙들어라.
네 약함은 나의 강함이 되어있을 것이다.
내게 나와서 간절히 엎드려 기도하렴.
내가 너를 일으켜 세울 것이다.
너를 사랑으로 완성해갈 것이다.

하나님 안에서 믿음으로 살아가려 할 때
찾아오는 수많은 시험과 고난, 연단들.

사랑을 완성하는 건 쉽지 않지만
그럼에도 말씀을 이루며 살기 위해
오늘도 주님을 더 사랑합니다.

울어도 괜찮아

너의 상처, 아픔, 힘듦… 이젠 그만 아파하고
내 앞에서 울렴

울어도 괜찮아

세상은 울면 진다고 하지만
울어도 괜찮아.

여러 가지 삶의 문제와 힘듦,
사람에게 받은 상처, 배신, 아픔.
이 일들 앞에 어찌 울지 않을 수 있겠니?

그렇게 아픈데 왜 울지 않니?
이제 그만 혼자 아파하고
내 앞에서 울렴.

있는 모습 그대로

네가 연약하여 지치고 힘들 때
내 팔에 안겨 편히 쉬어라.

네가 무엇을 특별히 하지 않아도
내가 너를 사랑하기에
내 피로 네 허물을 덮었단다.
네 힘으로 살아가는 게 아니라
나를 믿음으로 살아가는 거야.
이 약속을 네게 은혜로 주었지.

그러나 네가 여전히 행위로 얻으려는
율법 안에서 살아간다면
믿음은 무의미하며 약속은 헛될 것이다.

있는 모습 그대로
내게 와서 편히 쉬어라
내가 너를 꼭 안아주리라

하지만 이것만큼은 기억하렴.
내가 네 죄로 인해 죽임을 당했지만
내가 너를 의롭게 여기기 위해
죽음에서 부활했단다.

너는 오직 믿음으로 온전해질 수 있지.
그러니 이젠 네 의를 내려놓고
내 의를 힘입어 살아가자.

내 품에 폭 안기렴.
있는 모습 그대로 내게 와서 편히 쉬어라.
내가 너를 꼭 안아주리라.

예수는 우리의 범죄 때문에 죽임을 당하셨고,
우리를 의롭게 하시려고 살아나셨습니다.
로마서 4:25

사랑은 모든 걸 이긴단다

네가 어렵고 억울한 일을 당할 때
내게 기도하렴.
누구도 이해해줄 수 없는 그 마음을
내게 다 쏟아놓으렴.

상처, 분노, 슬픔, 억울함
그 모든 걸 내게 쏟아놓으면
네 마음을 다시 내 마음으로 채워주마.

네 눈물 위에 내 눈물을 덮어
함께 위로해줄게.

내 사랑으로 가득 찰 때
모든 걸 이길 수 있단다.
악을 악으로 갚지 말고
선으로 이기렴.

네 눈물 위에 내 눈물을 덮어
그 마음을 함께 위로해줄게

내가 네 아빠 아버지라는 것을
잊지 마라

끝없는 감사로

내가 네 아빠 아버지라는 걸 잊지 마라.

나는 네 모든 걸 알고
네 기쁨과 아픔에 변함없이 늘 함께한단다.

그러니 내 언약 안에서 나를 전적으로 믿고
고난에 지쳐 나를 놓치지 않도록
끝없는 감사로 나아갈 수 있겠니?

네 마지막 고백이
'주님이 하셨습니다'가 되도록.

주님과 같이해요!

이렇게 쉬운 방법이 있는데
왜 그렇게 혼자 아등바등했을까?

여전히 나 혼자 하는 게 더 익숙하지만
조금씩 조금씩 내 자리를 내어드리고
주님의 일하심을 바라볼게요.

내가 주목하는 것

눈앞에 펼쳐진 상황보다
주님을 바라봅니다.

주님이 내 편이심을 늘 기억하지만
내가 먼저 주님의 편이 되겠습니다.

염려하지 마라.
지금처럼 계속 나를 신뢰하렴.

우리가 잠시 받는 환난의 경한 것이

지극히 크고 영원한 영광의 중한 것을

우리에게 이루게 함이니

우리가 주목하는 것은 보이는 것이 아니요

보이지 않는 것이니 보이는 것은 잠깐이요

보이지 않는 것은 영원함이라

고린도후서 4:17,18

지금 우리가 겪는 일시적인 가벼운 고난은
비교할 수 없을 정도로 영원하고
크나큰 영광을 우리에게 이루어 줍니다

우리는 보이는 것을 바라보는 것이 아니라
보이지 않는 것을 바라봅니다
보이는 것은 잠깐이지만 보이지 않는 것은
영원하기 때문입니다

고린도후서 4장 17,18절

염려는 저 하늘 위로

과거의 후회와 미래에 대한 염려에 마음을 빼앗기면
현재를 기뻐할 수 없습니다.

생각한 대로 일이 풀리지 않으면
이런 생각이 들곤 합니다.

왜 힘들 걸 알면서 여전히 이 일을 할까?
왜 하나님은 나를 이 자리로 부르신 걸까?

지난 일에 대한 후회와
'다음엔 더 잘할 수 있을까' 하는 걱정에
잠 못 드는 밤, 주님은 내 마음을 아시고
말씀으로 염려를 거두어가십니다.

내일 일을 걱정하지 마라.
내일 일은 내일 걱정하렴.
오늘의 고통은 오늘로 충분하단다.
너는 왜 그렇게 낙심하며 괴로워하니?
너를 돕는 내 얼굴을 보아라.

언제나 말씀으로 주시는 은혜 앞에
염려가 점점 사라지고
주님을 향한 찬양이 차오릅니다.

내 영혼아 네가 어찌하여 낙심하며

어찌하여 내 속에서 불안해하는가

너는 하나님께 소망을 두라

그가 나타나 도우심으로 말미암아

내가 여전히 찬송하리로다

시편 42:5

과거의 후회,
미래에 대한 염려에
네 마음을 빼앗기지 마라

염려하지 말고 지금 내게 소망을 두어라

다 너를 위해 만들었지
이제 걱정은 저 하늘 위로
날려보내렴

하늘이 너무
예뻐요

내가 누구니?

무엇을 걱정하니?
천지 만물을 누가 만들었니?
광야의 백성을 누가 먹였니?

공중의 새도, 들의 백합화도, 들풀도
내가 다 먹이고 입히는데
하물며 가장 소중한 너희를
내가 책임지지 않겠니?

공중의 새도 들의 백합화도
먹이고 입히는데 하물며 너희일까보냐

환난 날에 찬양합니다

염려로 잠이 오지 않고
기도도 나오지 않습니다.
이런 상황에 매일 아침
무슨 찬양이 나올까 싶지만

"나의 힘이시여, 내가 주를 찬양합니다."

다윗의 고백처럼 말도 안 되는 상황에서도
평안을 누리는 것이 믿음의 삶입니다.
너무 힘들어 기도조차 할 수 없을 그때,
믿음으로 찬양을 올려드립니다.
힘들수록 더욱 주님을 찬양합니다.

나는 주의 힘을 노래하며

아침에 주의 인자하심을 높이 부르오리니

주는 나의 요새이시며 나의 환난 날에 피난처심이니이다

시편 59:16

이 땅을 밟고 살지만
나 하늘을 바라보며 살아갑니다

약속의 땅

이 땅에서 우린 나그네임을 고백합니다.
이곳은 잠시 스쳐 지나갈 광야입니다.
광야 길의 고난 속에서도
기뻐할 수 있는 이유는,
약속의 땅이 저 위에 있기 때문입니다.

이 세상의 썩어 없어질 걸 버리고
나 하늘을 바라봅니다.
이 땅을 밟고 살지만
나 하늘을 바라며 살아갑니다.

여러분은 땅에 있는 것들을 생각하지 말고,
위에 있는 것들을 생각하십시오.

골로새서 3:2

결코 넌 작지 않아

나는 작고 연약한 사람입니다.
하지만 내가 작아질수록
주님이 점점 커집니다.

아이들과 '진짜 강한 사람'이란 주제로
그림을 그렸습니다.
자기 모습을 그린 뒤,
그 뒤로 예수님이 함께 계시는
장면이었습니다.

아이들에게는
예수님을 그린다는 말은 하지 않은 채
자신의 약한 모습을 작게 그려보자고 했습니다.

그런데 한 아이가 자꾸만
자기를 크게 그리고 싶어 했습니다.
도화지의 절반 크기로 그리면 좋겠는데
눈치를 보면서 조금 더 크게 그렸습니다.

반면 다른 아이는 도화지의 절반도 안 되게
아주 작게 자신을 그렸습니다.
그러고 나서 뒤에 계시는 예수님을
그릴 차례가 되었습니다.

자신을 크게 그린 아이의 그림엔
예수님을 그릴 공간이 작아지고
자신을 작게 그린 아이의 그림엔
예수님이 아주 크고 강하게 그려졌습니다.

우리의 삶도 똑같습니다.
내가 낮아질수록 주님이 높아지십니다.
아이들의 그림을 통해
내 강한 자리보다 내 연약한 자리에서
주님이 더 드러나심을 깨닫습니다.

스스로 작고 연약하다 느끼는 내게
주님은 "결코 넌 작지 않다" 말씀하십니다.

내 사랑 안에서 걸어라
사랑 안에는 두려움이 없단다

온 세상에
주님 사랑이 가득하네요

사랑 안에서 걸어라

온 세상에 내 사랑이 가득하구나.
사랑 안에는 두려움이 없고
온전한 사랑은 두려움을 내쫓는단다.

내 사랑으로 가득 채우고
내 사랑 안에서 걸어라.

사랑 안에 두려움이 없고

온전한 사랑이 두려움을 내쫓나니

두려움에는 형벌이 있음이라

두려워하는 자는 사랑 안에서

온전히 이루지 못하였느니라

우리가 사랑함은

그가 먼저 우리를 사랑하셨음이라

요한일서 4:18,19

내 약함을 자랑합니다

주님, 왜 자꾸만
제 약한 부분을 사용하시나요?

네 약함은 나의 자랑이란다.

내 약함을 들어 강하게 하시니,
내 계획 앞이 아니라
주님의 부르심 앞에 섭니다.
내 생각을 전하기보다
날 통해 주님의 말씀이 전해지기를.

나에게 이르시기를 내 은혜가 네게 족하도다

이는 내 능력이 약한 데서 온전하여짐이라 하신지라

그러므로 도리어 크게 기뻐함으로

나의 여러 약한 것들에 대하여 자랑하리니

이는 그리스도의 능력이 내게 머물게 하려 함이라

고린도후서 12:9

네 약함은
내 자랑이란다

"왜 자꾸만
　제 약한 부분을
　사용하시나요?"

이길 힘

나를 더 크게 쓰시기 위한
연단의 과정을 통해
주님은 선한 영향력을 나타내십니다.

그분은 이미 우리에게
이길 힘과 모든 능력을 주셨기에
이 연단의 과정을
기쁨으로 참고 견디길 바라십니다.

주님의 크신 계획을 다 알 수 없지만
오늘도 힘겨운 고난의 길을
기쁨으로 견디는 이유는
그분의 약속을 믿기 때문입니다.

우리가 환난 중에도 즐거워하나니
이는 환난은 인내를,
인내는 연단을, 연단은 소망을 이루는 줄 앎이로다
로마서 5장 3,4절

주님의 그 크신 계획을 다 알 수 없고
때론 이 길이 힘들지만 기쁘게 가는 이유는
주님의 약속을 믿기 때문입니다

주의 영이 나를 채울 때

하나님의 영이 임하시는 자리
내 영혼이 살아납니다.

주의 성령으로 나를 채우고
내 영이 살아날 때
어떤 상황이 와도 무너지지 않고
세상에 휩쓸리지 않을 것입니다.

내 안의 어둠을 다 꺼내어
주 앞에 부르짖으며
영혼의 주인을 바꿉니다.
주님만이 내 주인이심을 고백합니다.

마음 깊은 영혼의 자리
주의 영이 나를 채울 때
내 영이 살아나며 고백합니다.

나는 주님의 것입니다.

내 마음 깊은 영혼의 자리
주의 영이 나를 채웁니다

내 입을 열어 고백합니다
하나님은 나를 도우시며
내 생명을 붙들어 주시는 분입니다!

입술로 고백합니다

주의 이름으로 나를 구원하시고
주의 힘으로 나를 변호해주세요.
내 기도를 들으시고
내 입의 말에 귀 기울여주세요.

상황이 어지럽고
남들보다 뒤처지는 것 같아도
내 능력과 재물을 의지하지 않겠습니다.
잠시 멈추어 입술로 고백하겠습니다.

하나님은 나를 도우시며
내 생명을 붙드시는 분입니다.

하나님은 나를 돕는 이시며

주께서는 내 생명을 붙들어 주시는 이시니이다

시편 54:4

주님을 보는 믿음

방주에 탄 노아가 할 수 있는 건
아무것도 없었습니다.
그 방주는 돛도 없고 키도 없는,
내 힘으로는 절대 움직일 수 없는 배였지요.
그가 할 수 있는 건
오직 믿음으로 주님의 인도하심을
따라가는 것뿐이었습니다.

거센 파도가 이는 바다에서
내가 아무리 노를 저어도
달라지는 건 없습니다.
오히려 지쳐 좌절하고 말지요.

이때는 내 힘으로 노를 젓는 게 아니라
파도에 나를 맡기어 주님의 일하심을 보고
그분의 기쁨에 참여해야 합니다.
눈앞의 상황을 보지 않고
주님을 바라보는 믿음을 사용해야 하지요.

방주를 만들 때 사람들이 손가락질해도
주님을 보는 믿음.
멈추지 않을 것 같은 비바람 속에서도
주님을 보는 믿음.

이 믿음으로
주님을 따라갑니다.

방주에 탄 노아가 할 수 있는 것은
아무것도 없었습니다.
오직 믿음으로 주님의 인도하심을
따라가는 것 뿐이었습니다.

흔들리려 할 때

네 믿음이 흔들리려 할 때
나를 꼭 붙잡아라.
내가 가장 안전하단다.

오직 믿음으로 구하고

조금도 의심하지 말라

의심하는 자는 마치 바람에 밀려

요동하는 바다 물결 같으니

야고보서 1:6

두려움을 이기는 법

세상을 살면서
힘들고 지치고 두려울 때가 있습니다.
내 힘으로 안 되는 일이 참 많지요.

나를 바라보면 아무 소망이 없기에
오직 주님께만 소망을 두려 합니다.

두려움이라는 어둠을 이기는 방법은
빛이신 주님께 내 몸을 돌리는 것입니다.
그러면 어둠이 내 뒤로 물러날 테니까요.

🌷

두려워하지 말라 내가 너와 함께함이라

놀라지 말라 나는 네 하나님이 됨이라

내가 너를 굳세게 하리라

참으로 너를 도와주리라

참으로 나의 의로운 오른손으로 너를 붙들리라

이사야 41:10

두려워하지 말라 내가 너와 함께함이라
놀라지 말라 나는 네 하나님이 됨이라
내가 너를 굳세게 하리라
참으로 나의 의로운 오른손으로 너를 붙들리라
이사야 41장 10절

믿음의 닻

계속해서 흔들립니다.
주님의 말씀을 따라왔지만
자꾸만 믿음이 흔들립니다.

외부의 상황과 내 안의 생각이
의심을 불어넣습니다.
출렁이는 파도에 흔들리는 배처럼
내 마음도 계속 요동칩니다.

잠잠히 나를 기다려라.

말씀 속에서 주님을 바라봅니다.
그분은 찾고 구하고 기다리는 내게
의심이 아닌 믿음의 닻을 내리라 하십니다.

흔들릴지라도 그 닻이
나를 끝까지 붙들어 줄 것입니다.

자꾸만 흔들릴 때

너희 믿음의 시련이

인내를 만들어내는 줄 너희가 앎이라

인내를 온전히 이루라

이는 너희로 온전하고 구비하여

조금도 부족함이 없게 하려 함이라

야고보서 1:3,4

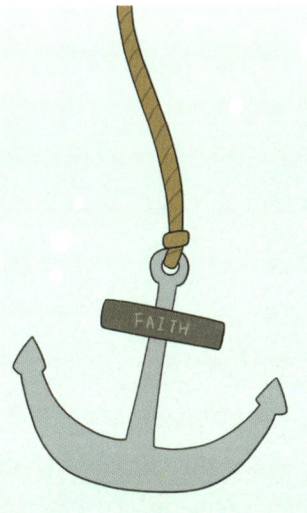

믿음의 닻을
내려봅니다

비록 흔들릴지라도
그 닻이 끝까지 붙들어 줄것입니다

오직 믿음으로 구하고
조금도 의심하지 말라
의심하는 자는 마치 바람에 밀려
요동하는 바다물결 같으니

야고보서 1장 6절

주님의 눈으로

말씀을 묵상하면서
내게 일어나는 일을
주님의 눈으로 바라보려 합니다.

견디기 힘들고
이해할 수 없는 일을 겪으면
포기하고 싶을 때도 있지만,
원망과 좌절보다 하나님의 마음을
간절히 구합니다.

언제나 내게 더 좋은 것을 주기 원하시는
주님을 바라봅니다.

나의 시선을
주님의 뜻에 맞추어 봅니다
두려움이 아닌 주님의 선물을 바라볼 수 있도록

영적인 지혜로 하나님의 뜻을 분별하고
그분이 일하시는 방법을
온전히 이해할 수 있길.

내 시선을 주님의 뜻에 맞추고
내 방향을 그분의 방향에 맞추어
두려움이 아닌
주님이 주실 선물을 바라볼 수 있길.

폭풍 속에서

'비가 오지 않게 해주세요'라고
간절히 기도했을 때
날씨가 맑으면 응답이고
비가 오면 응답이 아닐까요?
우리 눈에는 응답이 아닌 것 같아도
주님은 절대 실수가 없으신 분이지요.

폭풍 속에서 두려워하는 제자들에게
예수님이 말씀하셨어요.

믿음이 적은 자들아, 왜 두려워하느냐?

폭풍 속에서도 예수님은 주무셨지만
제자들은 두려워했습니다.
눈에 보이는 상황만 보았기 때문이에요.

하지만 눈에 보이는 게 전부가 아닙니다.
폭풍이 멈추는 게 은혜가 아니라
폭풍 속에서도 주님이 함께하심이
가장 큰 은혜이지요.
그 속에서 더 크신 주님을
만날 것이기 때문입니다.

상황에 따라 흔들리는 믿음이 아니라
어떤 상황에도 주님만 바라보는 믿음.

오늘도 폭풍 속에서 주님을 만났습니다.

절대 놓지 않을 것이다

지구의 자전을 너희가 느끼지 못해도
지구가 움직이고 있는 것처럼
보이지 않고 때론 느껴지지 않아도
분명한 건,
내가 지금도 너를 다스리고 있는 거란다.

나는 은혜롭고 자비하며
노하기를 더디 하며 인애가 크고
조건 없는 사랑으로 다시 너를 일으킬 거야.
헤세드의 사랑으로 널 이끌 거란다.

내가 너를 절대 놓지 않으며
의로운 오른손으로 널 붙들 것이다.

내가 너를 절대로
놓지 않겠다
나의 의로운 오른손으로
너를 붙들 것이다

여호와는 나의 빛이요 나의 구원이시니
내가 누구를 두려워하리요
여호와는 내 생명의 능력이시니
내가 누구를 무서워하리요
시편 27편 1절

어떤 상황 속에서든
내 영혼을 찾으렴

주님의 길을 나에게
가르쳐주세요

강하고 담대하게

주님이 나의 빛이시며 구원이신데
내가 누구를 두려워하겠습니까?
주님이 내 생명의 피난처이신데
내가 누구를 무서워하겠습니까?

내가 소리 내어 부르짖을 때
주님이 듣고 응답해주실 것입니다.

내게 주님의 길을 가르쳐주시고
나를 안전한 길로 인도해주세요.

주님을 기다립니다.
강하고 담대하게 주님을 기다립니다.

주께 소망을 둡니다

불안한 마음을 내려놓고
흔들리지 않는 반석이신 주님께
내 모든 소망을 둡니다.

주님을 찬양하며
가장 큰 기쁨이 되시는
주께로 나아갑니다.

내 영혼아 네가 어찌하여 낙심하며

어찌하여 내 속에서 불안해하는가

너는 하나님께 소망을 두라

그가 나타나 도우심으로 말미암아

내 하나님을 여전히 찬송하리로다

시편 43:5

마음을 돌이킬 때

바울은 예수님을 만나기 전
자기 의로 살아가던 사람이었습니다.
하지만 예수님을 만난 뒤 말년에는
자신을 죄인 중의 괴수라고 고백합니다.

빛이신 주님께 나아갈수록
내 어둠이 더 적나라하게 드러납니다.
주님을 알수록 우리는 낮아질 수밖에 없지요.

결국 내게선 의로운 것이 나올 수 없으며,
주님만이 내 인생의 유일한 길이요
전부임을 고백하게 됩니다.

그러나 주님을 알아갈수록 낮아지지 않고
점점 높아질 때가 있습니다.

주님이 서실 자리가 사라지고
내가 그 자리의 주인이 되어갑니다.

그럴 땐 마음을 돌이켜
십자가 앞에 엎드려야 합니다.
다시 복음 앞에 서야 합니다.

주님께 나아갈수록
십자가 앞에
엎드려집니다

온 맘 다해

주님과 함께하는 이 고요한 시간
주님의 보좌 앞에 내 마음을 쏟네
모든 것 아시는 주님께 감출 것 없네
내 맘과 정성 다해 주 바라나이다

온 맘 다해 사랑합니다
온 맘 다해 주 알기 원하네
내 모든 삶 당신 것이니
주만 섬기리 온 맘 다해

〈온 맘 다해〉, 외국곡

주님과 함께하는 이 고요한 시간
주님의 보좌 앞에 내 마음을 쏟네

모든 것 아시는 주님께 감출것 없네
내 맘과 정성 다해 주 바라나이다

온 맘 다해
사랑합니다

온 맘 다해 주 알기 원하네

평안을 주노라

어스름한 새벽녘, 눈이 떠졌습니다.
보통은 다시 잠이 올 때까지 누워있는데
잠이 올 것 같지 않아 펜을 들었습니다.

찬양을 틀어놓고
고요한 시간을 보내다 보니
어느새 해가 떴습니다.
또다시 폭풍 같은 하루가 시작되었지만
평안을 맘껏 누리기를.

평안을 너희에게 끼치노니
곧 나의 평안을 너희에게 주노라

내가 너희에게 주는것은
세상이 주는것과 같지 아니하니라
너희는 마음에 근심하지도 말고
두려워하지도 말라 요한복음 14장 27절

PART
3

너와 함께함이
내 기쁨이란다

주님을 더 알고 싶어요

무엇이 하나님의 뜻일까
기도하며 구해보지만
아무 대답을 듣지 못할 때가 있습니다.

주님이 침묵하시기보다
내가 주님을 잘 모르는 게 아닐까요.
주님은 이미 말씀하고 계시는데
내가 둔해서 듣지 못할 수 있습니다.

하나님의 뜻을 아는 것보다
하나님을 먼저 아는 것.

친한 친구는 눈빛만 봐도 마음을 알듯
주님과 친해지면
그 뜻도 자연스럽게 알게 될 거예요.

주님의 뜻을 구하는 것도 중요하지만
그보다 먼저 주님을 더 알고싶어요

주님과 더 친해지면
자연스럽게 주님의 뜻도
알게되겠죠?!

다시 말씀과 기도로 채우려 합니다.
말씀으로 주님을 더 깊이 알고
기도로 주님과 교제하는 시간을 통해
그분을 인격적으로 만나며
주님의 말씀이 나를 이끌어가도록.

이것이 매일 주와 동행하는 것이겠지요!

나를 사랑하는 자들이 나의 사랑을 입으며
나를 간절히 찾는 자가 나를 만날 것이니라

잠언 8:17

나와 가까이하렴

네가 나를 더 알기 원하느냐.
어찌 말씀을 모르고 날 알 수 있겠느냐.
기도를 하지 않고
나와 더 가까워질 수 있겠느냐.

나를 더 알고 싶다면
나와 가까이하는 시간을 더 가지렴.
나는 너와 함께하길 원한단다.

나를 더 알기 원하느냐

어찌 말씀을 모르고 날 알수있겠느냐
어찌 기도를 하지 않고 나와 더 가까워질 수 있겠느냐

보물찾기

주님을 더 알고 싶고,
내 삶에 함께하는 주님을 느끼고 싶지만
여전히 땅의 것에 시선을 빼앗기며 살아갑니다.
내가 너무 둔해서 주님을 느끼지 못할 때
그분은 말씀과 묵상을 통해 알려주셨습니다.

네가 나를 찾기 시작할 때 세상이
나의 임재로 가득함을 발견하게 될 것이다.

하루를 사는 동안 주님을 찾겠습니다.
주님이 지으신 세상과
우리에게 주신 말씀을 통해서.

어린아이가 보물찾기 하듯
곳곳에 계시는 주님 찾을 생각을 하니
오늘 하루가 기대됩니다.

너희가 온 마음으로 나를 구하면
나를 찾을 것이요
나를 만나리라
예레미야 29장 13절

소원

내 가장 큰 소원은
주님과 동행하며
그분을 더 깊이 아는 것입니다.

나음을 얻고 기적을 체험했지만
예수님을 떠난 무리가 되고 싶지 않습니다.
그들은 예수님을 본 게 아니라
그분의 기적만 바라보았습니다.
기적을 얻고 필요가 채워지자
예수님을 떠났습니다.

나 역시 주님의 응답하심에 따라
믿음이 요동쳤습니다.
응답을 받으면 주님이 살아계신 것 같았고,
응답받지 못하면 주님이 없는 것 같았습니다.
그렇게 응답만을 바라보았습니다.

내 문제의 응답, 기적의 체험보다
오늘 하루 주님과 동행하며 주님을 더 깊이 아는 것
이것이 나의 가장 큰 소원입니다

그런데 주님께는
내 '문제'가 중요하지 않았습니다.
처음부터 지금까지
주님은 '내가' 중요했습니다.
그분의 관심은 오직 '나'였습니다.

이제 내 기도 제목은
어떤 응답보다 주님을 더 아는 것입니다.

나는 주님이 너무 좋습니다.
주님의 사랑을 경험할수록
그 깊이는 말로 다 할 수 없습니다.
주님을 더 알고 싶고
날마다 만나고 싶습니다.

복 있는 사람

복 있는 사람은
주의 말씀을 즐거워하기에
주의 말씀대로 살아갑니다.

복이 있기에 악한 자의 꾀를 따르지 않고,
죄인의 길에 서지 않고,
오만한 자의 자리에 앉지 않으며,
하나님의 말씀을 사모하여
그 말씀대로 살고 싶어지는 거지요.

그가 시냇가에 심은 나무처럼
철 따라 열매를 맺고 잎이 시들지 않으며
모든 일에 형통한 건
여호와의 율법을 즐거워하며
주야로 묵상하기 때문입니다.

복 있는 사람은 하나님과 친밀한 교제를 통해
은혜와 평강을 누립니다.

그는 시냇가에 심은 나무가
철을 따라 열매를 맺으며
그 잎사귀가 마르지 아니함 같으니
그가 하는 모든 일이 다 형통하리로다 시편1:3

나의 즐거움

나의 즐거움은
주님의 말씀에 있습니다.
내가 주의 말씀을 즐거워하며
언제나 주님을 바라봅니다.

복 있는 사람은

악인의 꾀를 따르지 아니하며,

죄인의 길에 서지 아니하며,

오만한 자의 자리에 앉지 아니하며,

오로지 주님의 율법을 즐거워하며,

밤낮으로 율법을 묵상하는 사람이다.

그는 시냇가에 심은 나무가 철 따라 열매를 맺으며

그 잎이 시들지 아니함 같으니, 하는 일마다 잘될 것이다.

시편 1:1-3

주의 말씀

우리는 주님의 주권,
은혜, 섭리 아래 살아갑니다.

내 앞에 펼쳐진 상황 속에서
두려움과 원망, 걱정에 얽매여 있나요?
아니면 이 일을 허락하신
하나님께 더욱 주목하고 있나요?

우리 삶에 일어나는 모든 일은
하나님의 말씀 안에서 이루어집니다.
오직 주의 말씀만 영원하며
말씀은 내게 생명입니다.

예수님, 지금 당장 만나요!

오랜만에 한 선생님을 만났습니다.
문화예술교육을 연구하며
이 분야에서 제 롤 모델입니다.

선생님의 삶의 이야기가
제 삶을 기분 좋게 흔들어놓았습니다.
선생님의 계속 도전하는 모습이
제게도 큰 도전이 되었지요.

혼자 작업만 하는 삶이 단조로웠는데
저와 또 다르게 살아온 선생님을 보며
제게 없는 감성을 배우고
좋은 자극을 받았습니다.

만남의 기억을 정리하면서
이런 생각이 들었습니다.

영향력 있는 한 사람을 만나도
내 삶에 변화와 도전이 있는데
예수님을 만나면
어떤 변화와 도전이 생길까?

예수님과 매일 동행한다고 하지만
그분으로 인해 제 삶이 움직인 게 언제였는지
기억이 나지 않았습니다.
문득 그분과 제대로 대화하고 싶어졌습니다.

예수님! 제 삶을 제대로 흔들어주세요.
주님의 영향력이 내 삶을 바꾸고
주님으로 내 모든 걸 채워주세요.
예수님, 지금 당장 만나요!

제 삶에 매일 초대합니다

예수님만 남기를

날마다 누군가를 만나
다양한 대화를 나눕니다.
일상적인 대화나
그 영혼을 위한 말을 해주지요.

만남이 힘이 되기도 하지만
누군가는 상처를 받기도 하고
만남 자체가 짐이 될 때도 있지요.
사람은 연약한 존재이기에
상처나 아픔을 줄 수 있습니다.

하지만 우리의 만남과 대화의
마지막은 예수님만 남기를.
누군가를 만나 대화하며 어떤 행동을 할지라도
마지막은 오직 예수님만 기억되기를.

내가 누구를 만나 대화하고
어떤 행동을 하더라도
마지막은···

동행

네가 가는 길
내가 앞서가며
인도해줄게.

무얼 바라보고 있나요?

가끔, 아니 자주 내 시선을
다른 곳에 빼앗기진 않나요?

예수님을 바라보지 못하게 하는 건
무엇인가요?
무엇에 마음을 빼앗기나요?

내 시선이 있는 곳에 마음도 있어요.
오직 주님께 소망을 두고 그분만 바라보아요.

무언가에 집중하다 보면
정작 집중해야 할 것을 놓치곤 하지요.
처음부터 주님께 집중하기,
중간중간 점검하기,
끝까지 시선 놓치지 않기.

예수님만 바라보고
따라가고 있나요?

가끔… 아니 자주 시선을
다른 곳에 빼앗기진 않았나요?

예수님을 바라보지 못하게 하는 것은 무엇인가요?
나는 무엇에 마음을 빼앗기죠?

시선이 있는 곳에 마음이 있어요

오직 주님께 소망을 두고, 주님만 바라보아요

내 발의 등불

주님과 함께함이 제 기쁨입니다.
어딜 가든 나와 함께하시니
주님의 세밀한 음성에
귀 기울이며 동행합니다.

내가 가는 곳마다 주님의 말씀이
인도해주시며 이 모든 여정을 통해
주님을 신뢰하는 법을 배웁니다.

나의 발걸음이 주님보다 앞서지 않고
내 발의 등불이며 내 길의 빛이신
주님을 따라갑니다.

주님과 함께함이 제 기쁨입니다
어딜 가든 나와 함께하시니
주님의 세밀한 음성에 귀 기울이며 동행합니다

다음은 뭐죠? 아빠!

십자가로 인해 새 삶을 얻었지만
십자가를 지고 살아가는 건
무겁고 힘든 길이라고 생각했습니다.
예수님을 믿으며 사는 게
쉽지 않았기 때문이지요.

그런데 하나님을 알수록
그분의 사랑은 한없이 크고 좋으며,
그분의 뜻을 구하며 가는 길은
모험 가득한 흥미로운 길임을 알았습니다.
물론 인생이 항상 평탄하지는 않았고
힘들고 어려울 때도 있었어요.

하나님께 받은 이 부활 생명의 삶은
결코 소심하거나 무거운 삶이 아닙니다.
이는 기대 넘치는 모험의 삶, 어린아이처럼 늘 하나님께
"다음은 또 뭐죠, 아빠?"라고 묻는 삶입니다.

로마서 8:15-17 중 일부

그런데 로마서 8장의 이 구절이
점점 이해되기 시작했습니다.

하나님이 내 삶을 어떻게 이끌어가실까?
주님, 다음은 또 어떻게 나가면 될까요?

내 삶이 기대하는 삶으로 변화되어 갑니다.
어쩌면 주님이 미리 숨겨두신 보물찾기 쪽지를
하나씩 찾아가는 길 같습니다.

하나님이 알려주신 이 땅을 살아갈 목적을 향해
꿈꾸며 걸어가고 있습니다.
그 꿈의 조각이 하나둘 모이고 있지요.

주님, 제가 꿈을 이루어가는 과정을
함께 걸어가 주시고 응원해주시고 힘을 주세요.

어린아이 처럼 늘 하나님께
"다음은 또 뭐죠, 아빠?"라고
묻는 삶입니다.

나의 길 오직 주가 아시나니

세상의 속도와 방향에 주눅들 필요없단다.
너를 위한 계획이 있고, 너는 세상과 다른 길을 걸을 거란다

가야 할 길

삶의 길을 걸을 때
속도는 중요하지 않단다.
세상은 더 빠르게 목표에 도달하라고 하지만
그 일을 이루어가는 너만의 속도와 시간이 있단다.
때론 더디고 이해되지 않아도
시간이 지나 돌아보면
너를 향한 내 계획을 느낄 수 있을 거야.

세상이 좇는 방향으로 휩쓸리지 않도록
네 시선을 내게 고정하렴.
세상의 길처럼 화려하지 않고 더 험할 수 있지만
너는 세상이 아닌 '나의 길'을 걸을 거란다.
그러니 가야 할 방향을 늘 내게 물어보렴.

내가 너와 함께하며 그 길을 인도해주겠다.

내 마음의 한 자리

주님을 위해 살아간다 했지만
그것마저 나를 위함일 때가 많았습니다.
주님의 이름으로 한 일들이
내 영광이 되어버렸습니다.

주님의 일을 한다는 건
내가 주를 위해 무언가를 하는 게 아니라,
주님이 나를 통해 그 일을 이루어가시도록
나를 온전히 내어드리는 것입니다.

나는 죽고
오직 주님이 일하시도록.

내 마음의 주인은 오직 주님이십니다.

내 마음의 한 자리

예수 그리스도

그 사랑에 힘입어

하나님은 여전히
우리를 사랑하고 인내하십니다.

내가 죄 앞에 넘어지고
죄책감에 얼굴을 들지 못할 때도
하나님은 우리를 사랑하기를
멈추지 않으십니다.
그 사랑에 힘입어
다시 회개하며 기도합니다.

두려워하지 않으며
의심하지 않을 것입니다.
완벽하지 않아도
주님 닮아가길 소망하며
오늘도 그 사랑으로 살아갑니다.

가지치기

내게도 잘라내야 할 가지들이 있습니다.
가지가 잘리는 과정은 아프겠지만
오히려 그것이 나를 살립니다.

나무에 가지가 너무 밀집되면
저항력이 약해져 병충해로 죽을 수 있습니다.
그래서 적당한 가지치기로 살리는 것입니다.
그러면 뿌리가 더 깊이 자리를 잡고
햇볕이 나무에 고루 비추어
더 크고 많은 열매를 맺을 수 있습니다.

주님은 오늘도
나를 지으신 목적에 맞게 다듬어가십니다.
때론 아프고 힘들겠지만
선하신 주님을 신뢰합니다.

가지치기
주님이 나를 다듬어 가시는 과정입니다

참된 자유

하나님을 만나고 참 자유를 얻었습니다.
율법이 아닌 은혜 안에서의 하나님 사랑은
제게 자유를 주었습니다.

무엇이 참된 자유일까요?
그저 마음대로 살아가는 걸까요?

과거에 하나님을 마음에 두지 않고
내 마음대로 살 때는
오히려 자유에서 멀어졌습니다.

하나님의 자유 가운데 사는 삶,
죄에서 자유함을 얻는 삶,
은혜와 거룩과 치유로 넓어진 지금의 삶이
이전과 얼마나 다른지요.

하나님의 선물, True Freedom!
참된 삶, 영원한 삶입니다.

참된 자유
True Freedom
하나님이 주신 선물,
이제 은혜 아래 살아갑니다

목마름의 이유

마음의 갈증을 해결해보려 애써본 적 있나요?
무엇으로도 해결되지 않던 목마름.
그때 주님이 말씀해주셨습니다.

이 물을 마시는 사람은 누구나 다시 목마를 것이다.
그러나 내가 주는 물을 마시는 사람은
다시는 목마르지 않을 것이다.
내가 주는 물은 그 사람 속에서 솟구쳐 오르는
영원한 생명의 샘이 될 것이다.
내게로 와서 내가 주는 이 물을 마시렴.

이제 목마름의 이유를 알았습니다.
나는 주님이 필요합니다.
목마른 사슴이 우물을 찾듯
간절한 목마름으로 주님 앞에 나아갑니다.

주님은 내 목마름을 해결해주실 뿐 아니라
영원한 생명의 길까지도 내어주십니다.

나의 믿음

더 큰 믿음을 갖게 해달라는 사도들의 말에
예수께서 이렇게 말씀하셨습니다.

"너희에게 겨자씨 한 알만 한 믿음이라도 있으면,
이 뽕나무더러 '뽑혀서, 바다에 심기어라' 하면,
그대로 될 것이다."

중요한 건 믿음의 크기가 아니라
'나의 믿음'이었습니다.

두려워하지 말고 믿기만 하라시는
주님의 말씀을 믿고,
내가 있어야 할 곳에
그분과 함께 서겠습니다.

겨자씨 한 알만 한 믿음으로 살아갑니다.

중요한 건 믿음의 크기가 아니라
네가 정말 믿는 것이란다

두려워하지 말고 믿기만 하라
겨자씨 한 알만 한 믿음으로 살아갑니다

오병이어 믿음

비록 작은 오병이어일지라도
오천 명이 넘는 사람들에게
큰 기적이 되었습니다.

작지만 내 믿음을 내어드릴 때,
내가 가는 곳마다
주님의 기적이 일어날 것입니다.
주님의 나라가 세워지며
많은 사람이 주께 돌아올 것입니다.

주의 은혜로 채움 받았으니
내일도 믿음으로 살아가요.

비록 작은 것일지라도
내가 가진 것을 드리는 믿음

주님을 바라봄

주님을 아는 만큼
자유함을 누리고
그 사랑을 더 온전히
느낄 수 있습니다

주님을 바라봄

봄이 찾아왔습니다.

봄.
그리고
주님을 바라봄.

주님을 아는 만큼
자유함을 누리며
그 사랑을 더 온전히
느낄 수 있어요.

오늘도 주님을 바라봅니다.

어떤 감사로 채워질까

수업하러 갈 때마다 기도합니다.

하나님의 눈과 마음으로
아이들을 바라보게 해주세요.
내 안의 생명수가 그들의 마음에
흘러가게 해주세요.

이전에는 그렇게 떨렸는데
약속의 말씀을 붙잡고 주님과 동행하면서
'오늘도 잘할 수 있을까'라는 두려움보다
'오늘은 어떤 감사로 채워질까'라는 기대가 생깁니다.

언제나 나를 이끄시며
메마른 곳에서도 솟아나는 샘과 같이
이끌어주실 주님을 바라봅니다.
기대와 설렘을 한가득 안고
아이들을 만나러 갑니다.

믿음으로 반응하기

어떤 상황에 처하든
사랑하기로 작정합니다.
그렇게 살기로 결단합니다.
오늘도 믿음으로 반응하겠습니다.

무엇을 심든지 그대로 거두게 되지.
모든 상황 속에서 선을 행하고 낙심하지 마라.
포기하지 않으면 때가 이를 때,
거두게 될 거란다.

더욱 사랑하겠습니다

주님이 말씀하시는 건 '사랑'이었습니다.
십계명의 어려운 계명들도 자세히 들여다보면
주를 사랑하고 네 이웃을 네 몸과 같이
사랑하라는 거지요.

사랑은 이웃에게 악을 행하지 않습니다.
악에게 지지 말고 선으로 악을 이기라는 말씀은
사랑으로 이기라는 뜻이지요.

그러나 어찌 내 힘으로
그들을 사랑할 수 있을까요?

오직 예수 그리스도로 옷 입어
주를 더 사랑하겠습니다.
주위의 모든 이들도 더욱 사랑하겠습니다.

예수님 빽으로 세상을 살아간다!

예수님 빽으로

겸손은 낮아지는 것이지만
세상 앞에 고개 숙이는 건 아닙니다.

오직 주님 앞에서만
낮아지는 것입니다.

주님만 나의 왕입니다.
세상이 아무리 거대해 보여도
세상을 이기신 주님의 자녀로
당당히 섭니다.

예수님 빽으로 세상을 살아갑니다!

행함과 진실함

더욱 사랑하고
더욱 겸손하게
주님과 동행합니다.

말과 혀로만 하지 않고
행함과 진실함으로
더 사랑하길 원합니다.

내가 네게 원하는 것은
사랑하며 겸손하게
나와 함께하는 거란다

자녀들아

우리가 말과 혀로만 사랑하지 말고

행함과 진실함으로 하자

요한일서 3:18

주님이 가시는 길

쉽게 가는 길보다
주님과 함께 가는 길을 택합니다.
많은 이들이 가는 길보다
주님이 가시는 길을 따라갑니다.

내 눈에 좋아 보이는 길보다
좁고 험할지라도
주의 길을 함께 걸어갑니다.

그 길은 생명의 길이기에
나는 믿음으로 주와 동행합니다.

세상이 나를 어리석다 할지라도
나는 주님을 따라갑니다.

주님이 가시는 길을 함께 걸어갑니다
그 길은 생명의 길이기에
 나는 믿음으로 걸어갑니다

한 걸음 한 걸음 믿음의 길을 걸어가봅니다
믿음의 고백이 믿음의 싸움이 되어
승리를 맛볼 때
그 믿음은 진짜 내 믿음이 됩니다.

믿음의 길

세상의 길이 아닌
주님의 길을 따라가는 건
악인의 길이 아닌
의인의 길을 가는 것입니다.

의인의 길은 돋는 햇살 같아 크게 빛나고
여호와께서 인정하시는 길이지만,
악인의 길은 그가 걸려 넘어져도
그것이 무엇인지 깨닫지 못하는
멸망의 길입니다.

당연히 의인의 길을 선택할 거라 하지만
정작 그런 상황이 오면
내 믿음은 어떻게 될까 생각해봅니다.

나는 정말 믿음의 길을 택할 수 있을까?

눈에 보이는 상황을 좇지 않고
세상과 다른 길을 가는 건
엄청난 믿음을 요구합니다.
우리의 눈은 당연히 보이는 걸
좇으려 하기 때문입니다.

한 번에 그 믿음을 가질 수는 없겠지만
한 걸음 한 걸음 믿음의 길을 걸어가려 합니다.

삶 가운데 수많은 믿음의 싸움에서
조금씩 승리를 맛볼 때
이 믿음의 고백이
진짜 내 믿음이 될 것입니다.

목자의 음성

어두운 세상,
앞길이 보이지 않을 때
우리가 의지할 건
주님의 말씀입니다.

한 치 앞이 보이지 않아도
그분의 음성을 듣고
믿음으로 따라갑니다.

주님 손 꼭 붙잡고.

내 양은 내 음성을 들으며
나는 그들을 알며
그들은 나를 따르느니라
요한복음 10:27

주님의 음성을 듣고
주님을 따라 갑니다

진짜 주인공

내가 주님을 위해
일하는 하루가 아닙니다.
내 안에 계신 예수 그리스도께서
나타나시는 하루입니다.

내게 주어진 모든 일은
주님을 나타내는 도구예요.
주님보다 내 노력이 앞서지 않고
내 자리에 오직 주님만 나타나시는
하루 되기를.

주님, 오늘도 모든 순간
주님의 영광을 드러내며
누리게 해주세요.

예수님이 진짜 주인공이라면
모든 순간 예수님이 드러나시도록

주님보다 내 노력이 앞서지 않고
내 자리에 오직 주님만 나타나시는
하루 되세요♥

꿈을 그리다

그림을 그리고 글을 쓰는 게
어느새 내 소명이 되었습니다.

남들이 나를 어떻게 생각하든
그 시선에서 자유로우며,
내게 주신 꿈을 그려가겠습니다.

내 이름이 어떤 위치에 오르는지보다
소명에 더 집중하겠습니다.

내가 그림을 그리는 이유

어느새 내 꿈이 되었고
소명이 되었습니다

소명의 삶

삶의 모든 순간,
주님을 찬양합니다.

노래로 하는 찬양도 있지만
몸짓과 마음, 내 모든 행위에
소명을 담아 주님을 찬양합니다.

삶의 모든 순간
주님을 찬양합니다

내가 걸어가는 길마다 말씀의 조각들이 놓여있습니다
조각들이 모이면 주님의 뜻이 발견되고 깨달아집니다

말씀 조각

내가 걸어가는 길마다
말씀의 조각들이 놓여있습니다.

한 조각만 보고는
어떤 의미가 담겨있는지
다 알 수 없지만
시간이 지나 조각들이 모이면
주님의 뜻이 깨달아집니다.

그렇게 말씀 속에서
주님의 뜻을 발견하고
주님의 음성을 듣는 삶이 일상이 됩니다.

한마음, 한 입

우리는 각자 목소리가 있지만
마음을 같이하여 같은 사랑을 가지고
예수 그리스도의 마음을 품습니다.

우리의 소리뿐 아니라
삶이 함께 어우러져
주님을 더욱 찬양하게 될 것입니다.

한마음과 한 입으로

하나님 곧 우리 주 예수 그리스도의 아버지께

영광을 돌리게 하려 하노라

로마서 15:6

퍼즐

각기 다른 조각이
어울려 하나가 되듯

서로 다른 우리이지만
주 안에서 하나 되어

예수님의 형상을
이루어갑니다.

각기 다른 조각이 어울려 하나가 되듯
서로 다른 우리이지만 주 안에서 하나되어
예수님 형상을 이루어간다

그 사랑의 전달자

그 사랑의 전달자

내 안을 채우는 그 사랑이
지금 누군가에게
너무나 필요할 수 있어요.

나를 인도해준 누군가가 없었다면
여전히 이 사랑을 모른 채 살아갔겠지요.

누군가를 통해 받은 그 사랑을
또 다른 이에게 전하는 통로가 되길.

나의 이야기를 세상에 전해주겠니?

하나님이 보이지 않아 믿지 못하는 이들에게
우리는 삶을 통해 주님을 보여주는
그리스도의 편지가 됩니다

그리스도의 편지

세상은 보이지 않는 하나님을
어떻게 볼까요?
하나님을 믿지 않는 자들은
하나님이 없다고 말합니다.

그러나 하나님은 그리스도인들을 통해
세상에 드러나십니다.
우리는 그리스도의 편지로
이 세상에 그분을 보여주는 자입니다.

내 삶을 통해 주님의 이름이
세상의 기쁨이 되어야겠습니다.

예수님을 선물합니다

문제 해결, 응답, 축복도 필요하지만
그것만이 내 중심이 된다면
하나님은 세상의 수많은 우상과
다를 바 없는 분이 되십니다.

복음, Good News는
하나님이 오직 독생자 예수를 통해
우리에게 주신 가장 큰 선물입니다.

어떤 선물보다 귀하고
무엇과도 비교할 수 없는 그 이름
'예수님'을 당신에게 선물합니다.

당신이 하나님을 믿는 이유는
무엇인가요?

예수님을 당신에게 선물합니다

한 주의 시작
나와 함께 갈 준비가 되었니?

짐 나눠 지기

내 은혜를 얻고
내게서 쉼을 누리는 자만이
다른 이의 아픔을 헤아릴 수 있단다.

세상의 많은 이들이
스스로 짊어진 짐의 무게로 힘들어할 때
네가 그들의 짐을 함께 져줄 수 있겠니?

여러분은 서로 남의 짐을 져주십시오.
그렇게 하면 여러분이
그리스도의 법을 성취하실 것입니다.

갈라디아서 6:2

감사의 제사

모든 상황 속에서
감사를 고백합니다.
하지만 쉽지 않습니다.

이 상황에서 어떻게 감사할 수 있지?

그러나 이 상황을 허락하신 것도
주님이심을 인정합니다.

만물 위의 하나님.
전능하신 하나님.

산과 들의 새와 동물도 다 주님의 것입니다.
세상이 주님의 것이기에
내가 드리는 것도 이미 다 그분의 소유입니다.

그렇다면 무엇으로 주님을
영화롭게 할 수 있을까요?

감사로 제사를 드리는 자가
나를 영화롭게 하나니
그의 행위를 옳게 하는 자에게
내가 하나님의 구원을 보이리라
시편 50:23

나의 감사의 고백이
주님을 영화롭게 함을
말씀을 통해 알려주셨습니다.

오늘 더욱 감사를 고백합니다.

보이지 않는 소망을 향해

선교사님의 기도 편지를 받았습니다.
한 해를 돌아보니 그저 감사뿐이고
모든 게 주님의 은혜였다고 고백하는 내용이었습니다.

기도 편지를 읽으면서
상황에 상관없이 여전히 일하시는 주님을 보니
언제나 감사할 것밖에 없다는 걸 다시 느꼈습니다.

보이지 않는 미래를 향해
나는 무엇을 준비해야 할지 걱정했지만
기도 편지의 위로와 함께
소망이 생기며 말씀이 떠올랐습니다.

우리는 이 소망으로 구원을 얻었습니다.
눈에 보이는 소망은 소망이 아닙니다. 보이는 것을 누가 바라겠습니까?
그러나 우리가 보이지 않는 것을 바라면, 참으면서 기다려야 합니다.

로마서 8:24,25

보이지 않기 때문에 소망입니다.
언제나 인도하실 주님을 신뢰하며
한 걸음씩 가려 합니다.

내 걸음의 마지막에
주님이 하셨다고 고백할 모습을
기대해봅니다.

오늘 하루도 수고했다

나의 사랑하는 자야
네가 잠을 자는 동안에도
내 복이 흘러넘칠 것이다.

오늘 하루도 수고했다.
푹 쉬렴.

사랑하는 자여 네 영혼이 잘됨같이
네가 범사에 잘되고 강건하기를
내가 간구하노라

요한삼서 1:2

삶이 예배가 되기를   에필로그

평범한 하루를 살아갑니다
그 평범한 일상을 기록하고
다른 시각으로 바라보면서
은혜가 삶이 되고 삶이 예배가 되길

주일에 목사님과 잠깐 대화를 나누었어요. 제가 말했어요.

"요즘엔 특별한 일도 없고 그림을 그리는 게 다시 어렵고 부담이 돼요. 뭔가 특별한 일상이 있어야 글도 잘 써지고 그림도 잘 그려질 것 같아요."

그러자 목사님이 말씀하셨어요.

"모태신앙인 대부분이 뭔가 특별한 사건을 원하지만 사실 우리에게 중요한 건 평범한 일상이에요. 똑같은 일상이지만 다른 시각으로 바라보는 게 더 중요하지요. 화선 자매의 글과 그림이 특별해서 사람들이 좋아하는 건 아닐 거예요. 오히려 평범한 일상 속에서 느낀 깨달음이 더 큰 공감을 불러일으킬 거예요."

'아, 특별하지 않아도 괜찮구나.'

그러고 보니 사람들은 은혜가 되는 말씀을 요약한 것보다 일상의 은혜를 가볍게 나눈 글을 더 좋아하며 공감해주었어요. 물론 평범한 일상에서 깨달음을 얻는 건 쉽지 않은 일이에요. 아무리 귀를 기울여도 주님의 음성이 들리지 않을 때가 있거든요.

하지만 꾸준한 노력 없이 얻어지는 건 없습니다. 즉흥곡도 즉흥적으로 탄생하는 게 아니라 끝없는 노력 중에 얻어진 영감으로 만들어진다고 해요.

주님의 음성을 듣고자 한다면 끊임없이 말씀을 읽고 늘 기록하며 하루를 되돌아봐야 하지요. 그래서 다시 묵상 노트를 꺼내 평범한 일상을 기록하기 시작했습니다. 주신 은혜와 말씀도 적고 궁금한 것과 낙서도요.

나는 평범한 사람이에요. 하지만 이 평범한 일상에서 누리는 특별한 은혜를 함께 나누고 싶습니다. 일상의 습관이 주님과 가까워지도록, 받은 은혜가 삶이 되고 삶이 예배가 되도록 날마다 은혜로 살아가겠습니다.

나에게 꼭 붙어있으렴

초판 1쇄 발행	2021년 7월 29일
초판 2쇄 발행	2025년 6월 4일
지은이	이화하하
펴낸이	여진구
책임편집	김아진 정아혜
편집	이영주 박소영 최현수 구주은 안수경 김도연
책임디자인	마영애 노지현 조은혜 정은혜 남은진
홍보 · 외서	진효지
마케팅	김상순 강성민
마케팅지원	최영배 정나영
제작	조영석 허병용
경영지원	김혜경 김경희

303비전성경암송학교 유니게 과정
이슬비전도학교 / 303비전성경암송학교 / 303비전꿈나무장학회

펴낸곳   규장

주소 06770 서울시 서초구 매헌로 16길 20(양재2동) 규장선교센터
전화 02)578-0003   팩스 02)578-7332
이메일 kyujang0691@gmail.com   홈페이지 www.kyujang.com
페이스북 facebook.com/kyujangbook   인스타그램 instagram.com/kyujang_com
카카오스토리 story.kakao.com/kyujangbook
등록번호 1922-2461
since 1978.08.14

ⓒ 저자와의 협약 아래 인지는 생략되었습니다.
이 출판물은 저작권법에 의해 보호를 받는 저작물이므로 무단 전재와 무단 복제를 할 수 없습니다.

책값 뒤표지에 있습니다.
ISBN 979-11-6504-125-0   03230

규 | 장 | 수 | 칙

1. 기도로 기획하고 기도로 제작한다.
2. 오직 그리스도의 성품을 사모하는 독자가 원하고 필요로 하는 책만을 출판한다.
3. 한 활자 한 문장에 온 정성을 쏟는다.
4. 성실과 정확을 생명으로 삼고 일한다.
5. 긍정적이며 적극적인 신앙과 신행일치에의 안내자의 사명을 다한다.
6. 충고와 조언을 항상 감사로 경청한다.
7. 지상목표는 문서선교에 있다.

하나님을 사랑하는 자 곧 그의 뜻대로 부르심을 입은 자들에게는 모든 것이 合力하여 善을 이루느니라(롬 8:28)

규장은 문서를 통해 복음전파와 신앙교육에 주력하는 국제적 출판사들의 협의체인 복음주의출판협회(E.C.P.A:Evangelical Christian Publishers Association)의 출판정신에 동참하는 회원(Associate Member)입니다.